基于语体的语篇衔接方式的选择性研究

胡建锋 著

学林出版社

目　　录

第一部分　总　　论

第二部分　依赖性衔接方式的选择性研究

第三部分 衔接词的语体选择性

第四部分　基于关系的衔接方式的语体选择性

第 一 部 分

总　　论

第一章 绪 论

1.1 问 题 的 提 出

在第二语言学习者的汉语习作中,经常会看到如例(1)、例(2)的语篇:

(1) 我现在 20 岁,我有过很多老师。那当中我最想的老师是高一时候我 的班主任。(自建中介语语料库)

(2) ① 很多现代人不考虑自己的能量极限,只是看到别人的高度,就把它 当作自己的目标。② 很多人的理想越来越相似,但他们争取理想的 时候,不是高兴,而是很累。(自建中介语语料库)

以上两例是朝鲜语为第一语言的中高级汉语学习者完成的语篇,例(1)这 个短短的语篇中,有四个"我"不符合语言的经济型原则,由于每个小句中都有 "我",几个小句的独立性都比较强,作为一个语篇的连贯性反而降低了。可以 修改为:

(1)′ 我现在 20 岁,有过很多老师,其中最想的老师是高一时候的班主任。

后三个"我"删除,这个语篇的连贯性就增强了。例(2)中,小句①与小句 ②之间的联系也不很紧密,主要存在两个问题:第一是两个小句之间的逻辑 关系不清晰,实际上这两个小句的句义之间存在着因果关系,但没表达出来; 第二,两个小句陈述的对象间相关性不够强。可以修改为:

(2)′ ① 很多现代人不考虑自己的能量极限,只是看到别人的高度,就把 它当作自己的目标。② 这样,他们的理想越来越相似,但他们争取 理想的时候,不是高兴,而是很累。

这里使用了两种修改方法:一是在两个句子间加上"这样",凸显因果关 系;二是将后一个句子中的"很多人"替换为"他们",凸显与前面句子中"很多 现代人"的同指性,从而增强了语篇内部的连贯性和衔接度。

实际上,在儿童习得语篇的过程中,也存在类似的问题。如:

(3) 我家有一只可爱的小狗,它的名字叫"摇摇",它是一只小花狗,要是

一有客人来,它就会迎接客人,它的毛是白色和黑色组成的,眼睛大大的,它很可爱。(二年级作文,自建儿童书面语语料库)

例(3)中,出现了五处"它",使得小句间关系不够连贯,标点也是"一逗到底"。可以修改为:

(3)′我家有一只可爱的小狗,名字叫"摇摇",是一只小花狗。要是一有客人来,它就会迎接客人。它的毛是白色和黑色组成的,眼睛大大的,很可爱。

从修改后的语篇可以看出,删除四个"它"后,语篇的衔接度和层次性增强了。此外,有的语篇中,其他句子成分的重复也影响了表达。如:

(4) ① 我最喜欢的动物是小松鼠,因为它的尾巴又大又红,眼睛大大的,亮亮的。② 我还知道松鼠好看。③ 我还知道松鼠吃松果,还有松鼠的房子在树上面。我最喜欢的小动物是小松鼠。(二年级作文,自建儿童书面语语料库)

例(4)中,句子①是一个意思较清晰的句子,但句子②③的表达不是最经济的方式,除了重复"我还知道"外,它们中出现了三个"松鼠"。可以修改为:

(4)′我还知道松鼠好看,它吃松果,房子在树上面。

修改后,保留了一个"松鼠",另一个用代词"它"指示,使得语篇的表达更加经济,更加连贯。

从上述案例可以看出,即使语篇中每一个小句都是合乎语法的,在组构时也需要一定的方式,否则将影响它的衔接性与连贯性。

同时还可注意到,不同的语篇对于衔接方式的选择可能存在差异。如:

(5) a. 昨天晚上发生了什么事?
　　b. 航班取消了,于是我就回家了。

(6) a. 昨天晚上你怎么没去上海?
　　b. 航班取消了,所以我就回家了。

例(5)主要客观陈述一件事,所以后句选择用"于是"衔接,例(6)主要是解释原因,后句选择用"所以"衔接。虽然都是表示因果关系的词语,但在上面的对话中一般不能相互替换。所以含义不同的语篇可能会选择不同的方式进行衔接。

以上例句主要讨论具有指同功能的体词性成分的选择问题,以及衔接词语的使用问题,都与语篇的衔接方式有关。

本书主要基于语言事实,在梳理衔接方式的基础上,从语体的差异出发,研究不同语体对语篇衔接方式的选择性差异。

1.2 语篇与语篇衔接

1.2.1 什么是语篇

吕叔湘(2002:403)指出,对语法的研究,也可包括大于句子的语言单位。"语法研究以句子为极限,是一种传统。不理会这种传统,把语法的范围扩大到句子以上,这是完全可以的。"这个大于句子的语言单位就是语篇。韩礼德(M.A.K. Halliday)和哈桑(Ruqaiya Hasan, 1976)认为语篇指任何长度的,在语义上完整的口语和书面语的段落。胡壮麟(1994)进一步指出语篇是指任何不完全受句子语法约束的、在一定语境下表示完整语义的自然语言。一般来说,语篇具有以下几个特点(参见徐起起等,1999)。

1.2.1.1 语篇的功能

韩礼德(1994)认为,为了语篇的意义和作用,话语语法必须以功能和语义为主导,同时按照语义模式来解释其语法范畴。他提出,语言有三大功能:概念功能、人际功能、篇章功能。其中概念功能是指语言表达主客观信息的功能,如,"桌子""喝""快乐"分别表达相关的物品、动作和感受等,"他离开学校了"陈述的是一个客观事件;人际功能是指交流的功能,如,"我相信你"表达对对方的认可;篇章功能是指组织信息的功能,如,"他来了,我就走"表达两个事件之间的因果关系。语篇则是这三项功能的综合体现。

1.2.1.2 语篇的层次

两个小句之间的语义关系是最低层次的,然后几个小句和几个小句之间的关系组成高一层次,最后由更大的语言单位之间的语义关系组成整个语篇。

每个语篇的层次多少是不固定的,层次的多少由语篇中句与句之间语义关系的复杂程度决定,通常语义关系越复杂,层次可能就越多。

层次具有匀质性,即每个层次都可采用相同的功能描写,比如两个小句之间是并列关系,它们作为一个整体与其他小句之间仍可以是并列关系。如:

(7) ① 他先是吃惊,② 苍白面庞刹那间变成了铁青色。后来,③ 他想通
　　了,④ 铁青色的面庞转瞬恢复了苍白。(老舍《骆驼祥子》)

例(7)中,小句①②和③④都是并列关系,它们分别先组成一个层次,然后
再组成一个大的语篇,由它们组成的两个句子之间仍然是并列关系。图示如
图1-1:

图1-1　并列关系组合示意图

1.2.1.3　语篇的关系

一般来说,语篇内的内容在语义上都是相互联系的。比如例(8)这段留学
生所写的语篇,就存在着一定的问题。

(8) 泰国的夏季天气比较热。气温大概三十到四十度,<u>但是空调一开屋
　　子里马上就凉快了</u>。夏季有一个人们很喜欢的节日,人们叫它"宋干
　　节"。宋干节就是泼水节。(自建中介语语料库)

在这个语段中,画线部分"但是空调一开屋子里马上就凉快了"是多余的,
因为从语篇传递的主要信息角度看,这个小句与其他的内容之间没有关系,导
致整个语篇看起来不是很连贯。所以,虽然这个语篇传递给读者一定的信息,
具有概念功能,但如果画线的小句去掉,整个语篇内容的接受度会更高。

1.2.2　语篇衔接

威廉·拉波夫(William Labov,1970)认为:"篇章分析最根本的问题是说
明一个句子是如何合理地、有规律地接在另一个句子后面的;一个语段是如何
合理地、有规律地接在另一个语段后面的。"廖秋忠(1991)则指出:"篇章现象
的研究可大致分为两大类,篇章连贯与篇章结构的研究。"可见,篇章的衔接与
连贯是篇章分析的核心问题。

一般认为,衔接体现在语篇的表层结构上,它是通过词汇和语法形式等手
段实现的。韩礼德和哈桑(1976:13)指出,衔接是语篇中的一个成分和对解
释它起重要作用的其他成分之间的语义关系。这一"其他成分"也必须能在语
篇中找到,但它的位置完全不是由语法结构来确定的。(张德禄,2003:21)在

性质方面,韩礼德和哈桑(1976:7)指出:"我们用'衔接'这个词专门指那些组成语篇的非结构性关系。它们……是语义关系,语篇上是一个语义单位。"(参见张德禄,2003:21)

表达完整语义是语篇的最重要特征之一,有的时候,虽然几个小句单独看都是合乎语法的,但是它们在一起不能表示完整的语义,就不是语篇。如陈平(1987)讨论过下面的句子:

(9) 一个队员倒挂金钩将球打进网内,吐一口痰罚五毛钱。(引自陈平,1987)

(10) 他外出总带保镖,花棚里到处都是萝卜味。(引自陈平,1987)

例(9)、例(10)中的各个小句单独看都是合语法的,但是接在一起传递的信息不清晰,即它们不具有一致的语义,不是语篇。

一般来说,把等于或大于两个小句的语法单位都看作语篇,但并不是只要两个或以上的小句在一起,就能够组成语篇。有些小句意思相关,而且每个小句的句子成分齐全,但组合在一起不是一个合格的语篇。如:

(11) 他能在天亮的时候赶到,他把骆驼出了手,他可以一进城就买上一辆车。

在例(11)中,三个小句都是主谓成分齐全的,但在实际表达中通常不会出现这样的用法,所以也不构成语篇。原文为:

(11)′ Ø 能在天亮的时候赶到,Ø 把骆驼出了手,他可以一进城就买上一辆车。(老舍《骆驼祥子》)

在例(11)′中,前两个小句的主语"他"都没有出现。由此可见,单独的小句都能说,几个小句在一起却不一定能构成一个语篇或一个很好的语篇,句子之间还需要其他的手段将它们衔接起来,使之连贯,才能构成语篇。例(11)′主要采用省略手段使它们成为语篇。

从上述案例可知,两个及以上的小句,即使每个都合语法,组合在一起也必须能传递一定的信息、达成一定的交际目的,才能成为语篇。

那么语义有关系的小句,是不是就可以组成好的语篇呢?也不一定。如:

(12) ① 在泰国的海边有很多地方,著名的是普吉,每个外国人都喜欢来玩。② 景色很漂亮,海水是蓝色和绿色的,很好玩儿。(自建中介语语料库)

这个语篇读来不是很通顺,句子②似乎缺少什么东西,如果在②的最前面补上"那儿的",变成"那儿的景色很漂亮……",句子的接受度就提高了,这里的"那儿的"就是语篇的衔接手段。小句之间经常需要衔接才可以成为语篇。

1.2.3 语篇的范围

关于语篇的范围,虽然按照韩礼德和哈桑(1976)的定义,一个小句也可能是一个语篇,不过从衔接和连贯的角度看,我们讨论的语篇一般是两个及以上小句或句子组成的,可以是非对话体,也可以是对话体。非对话体在一个话轮中完成,对话体常常在跨话轮(两个或多个话轮)中完成语篇组构。这是因为在对话体中,是以完成一个交际任务的相关内容为研究对象,所以可能需要多个话轮。在对话体中,有的时候可能在形式上完成了一问一答,但没有传递足够的问者所需要的信息,没有完成交际任务,因此也不能够成为一个完整的语篇。如:

(13) a. 你知道他的电话号码吗?

　　　b. 知道。

(14) a. 你知道他的住址吗?

　　　b. 上海市淮海路＊＊＊号。

例(13)、例(14)都有两个话轮,一问一答,看起来都完成了问答,但例(13)没有完成交际任务,还没有成为一个完整的语篇;例(14)中,虽然没有直接回答提问"知道还是不知道",但是已经传递了问者需要的信息,构成了语篇。为什么例(13)不是,而例(14)是一个完整的语篇,是因为前者没完成交际任务,而后者完成了。

1.3   关于语篇衔接的相关研究

1.3.1 关于衔接方式类别的研究

较早关注语篇衔接问题的是系统功能语言学者,1964 年,韩礼德提出将衔接分为语法衔接和词汇衔接。1968 年,哈桑对语法衔接进行了更为详尽的研究。1976 年,韩礼德和哈桑将衔接方式归纳为五种类型,即指称(reference)、替代(substitution)、省略(ellipsis)、连接(conjunction)和词汇衔接(lexical cohesion）。其中前三类属于语法衔接方式，词汇衔接（复现、词汇搭配）属于词汇衔接方式，连接（增补关系、转折关系、因果关系和时间关系）则介于两者之间，主要属于语法衔接，但也包含词汇的成分。

1985 年，韩礼德和哈桑扩大了衔接概念的涵盖范围，把衔接分为结构衔接和非结构衔接。结构衔接包括平行对称结构、主位-述位结构、已知信息-新信息结构。非结构衔接分为成分关系衔接和有机关系衔接。成分关系衔接包括指称、替代、省略和词汇衔接，这四种衔接纽带可以形成同指、同类、同延三种关系。有机关系包括连接关系、相邻对、延续关系等。这就使语篇衔接的研究范围突破了语篇的微观线性关系的局限。

国内较早关注衔接问题的是钱瑗（1983）。其后，黄国文（1988）将语篇的衔接方式分为了三类：语法衔接方式、词汇衔接和逻辑联系语。

胡壮麟（1995、2018）提出语篇衔接连贯的多层次思想，不仅研究国外学者们关注的语言内部的，尤其是句法层面的体现过程，还试图把系统功能语法的及物性理论、主位-述位理论、信息理论、语境理论等一些研究成果包括进来。他将它们之间的关系概括如图 1－2。

图 1－2　汉语照应形式图示图（见胡壮麟，1995：50）

张德禄和刘汝山（2003）从外部因素（社会文化背景和心理认知条件）、语篇内部的形成机制、衔接类型等角度进行了研究，同时还研究了衔接和连贯理论的应用问题，涉及文体学、英汉翻译、外语教学等方面。

朱永生、郑立信、苗兴伟（2001）比较了汉语和英语语篇衔接方式的异同，并讨论了语篇连贯的内部条件。左岩（1995）选取翻译对应语料进行研究，采取量化分析法比较了两种语言篇章的衔接方式。徐玉臣（1996）选取长度相当、体裁一致的英汉叙事散文作为案例，对比时采取举例说明法，揭示了汉语重"意合"、英语重"形合"这一事实。

廖美珍（1992）关注到以比喻作为语篇的衔接方式，认为比喻不仅具有修辞功能，还有非常重要的语篇衔接功能，把比喻和语篇结合起来研究，扩展了修辞研究和语篇衔接研究的领域。

1.3.2　关于具体语言形式的衔接功能的研究

关于具体语言形式衔接功能的研究,主要是关于话语标记、连词、副词等衔接功能的。如廖秋忠(1986)对汉语语篇中的连接方式进行了全面的列举和归类,具体考察了时间关系连接成分、逻辑关系连接成分;张谊生(2002)研究了"就是"的衔接和连贯功能及其虚化过程,探究虚化过程中相关功能是如何产生的;周静(2004)研究了"甚至"的衔接功能,认为其在句法上有衔接功能,语义上有强调功能,语用上有聚焦功能;王灿龙(2008)认为"否则"在语篇中主要起回指作用;刘云(2014)认为"是的"用于拟对话语境时,其衔接的前句(段)和后句(段)之间的关系主要有"承接确认、解释说明、重复强调、引申评论、预示转折"等五种,用于书面语体中的议论、抒情场合,也具有"创设对话语境""视角转换"等功能;杨扬和俞理明(2018)指出提顿词"好"可以衔接前后话语,还具有类反证指示功能;巴丹(2018、2019)研究了评注性副词"更好""无怪乎"的衔接功能;朱敏(2018)讨论了"再不然"的语篇衔接功能;张谊生(2022)探讨了"看似"等词语的主观否定倾向与逆转衔接功能。

以上这些研究,一般是从词语本身出发,研究它们的衔接功能,而不是从汉语的衔接功能出发,考察哪些语言形式能够实现这些功能,因此都不是系统的研究。

1.4　关于语体的研究

1.4.1　关于什么是语体的研究

关于什么是语体,唐松波(1961)认为,语体是人们在社会发展过程中,在不同的活动领域内运用语言特点所形成的体系。首先表现在词汇和熟语材料的选择上,其次是语法结构,最后是语音方式的选择。……无论是词汇、语法还是语音,都有相当的差别,这些差别是按照一定的客观规律体现出来的。

王德春(1987)指出,人类社会生活具有复杂性,在不同的社会活动领域内进行交际时,由于交际环境的不同,就形成了一系列运用语言材料的特点,这就是言语的功能变体,简称"语体"。

刘大为(1994)认为语体是言语行为的类型,要考虑三个层层推进的因素:一是交际需要;二是由交际需要所选择的语言使用方式,也就是行为方式;三是由特定语言使用方式所造成的变异特征。

李熙宗(2004)专门讨论了语体的定义问题,并认为:"语体是在语言长期的运用过程中历史地形成的与由场合、目的、对象等因素所组成的功能分化的语境类型形成适应关系的全民语言的功能变异类型,具体表现为受语境类型制约选择语音、词语、句式、辞式等语言材料、手段所构成的语言运用特点体系及其所显现的风格基调。"袁辉、李熙宗(2005)还认为,语体就是运用民族共同语的功能变体,是适应不同交际领域的需要所形成的语言运用特点的体系。

总的来看,学界关于语体的认识大致相同,但由于研究的视角不同,关于语体的定义或表述也存在差异。

1.4.2　关于语体分类的研究

一般认为语体有"正式与非正式""口语与书面语"等等之分。再深入下去,由于研究的视角存在差异,关于语体的分类,自然也有不同观点。如唐松波(1961:213)认为语体是由于交际方式和活动领域的不同而形成的言语特点的综合,并把语体分为谈话语体和文章语体;李文明(1994)将现代汉语语体分为科学、艺术和应用三大类,每类又分为若干种分体,并指出相应的口语形式和书面形式;常敬宇(1994)把口语语体分为郑重语体、客气语体、熟稔语体和俚俗语体;袁辉、李熙宗(2005)将语体分为谈话语体、公文语体、科技语体、新闻语体、文艺语体和综合语体;陶红印(1999)基于功能学者语体分类的几个角度,如"传媒与表达方式、有准备和无准备、庄重的与非庄重的",等等,将语体分为典型语体和非典型语体;邓骏捷(2000)将语体分为基本语体和专业语体,其中基本语体主要是"日常交际语体",专业语体包括法律语体、广告语体、新闻语体、科学语体、宗教语体、政治语体、商业语体和艺术语体等。

冯胜利(2010)也提出"语体不同文体"的观点,认为"正式与非正式(书面语/口语)、典雅与便俗(文雅体/白话体)是构成语体的两对基本范畴。"

总的来看,参照的标准不同,所分出的语体类别也有差异,因此除将口语和书面语、正式语体与非正式语体等作为对立语体的常见分类外,还有各种语体分类方式。有很多语体的分类还存在层次性,也就是同一个大类的语体中,还有不同的小类,比如书面语体可以再分为科技语体、政论语体、新闻语体等。到底分到那个层级,也要基于研究的目的决定。

1.4.3 关于语体与语法之间关系的研究

张伯江(2007)提到,吕叔湘先生很早就已经指出:汉语语法规律约束力不强,很大的原因是我们总结规律的时候没有区分出不同的语体来,各种不同风格的语言现象摆在一起,得出的只能是最大公约数;如果把各种条件摆出来分别地看,是各有不同的规律的。方梅(2007)讨论了语体动因对句法的塑造,其中就包括衔接方式的产生和选择问题。张伯江(2007)指出,语体存在差异,那么语法特征也有差异。曾毅平(2008)把不同语体中语言现象的差异分析为语言材料的语体分化现象,运用系统功能语法理论解释了语法方式的语体分化现象,主张用描写与解释相结合的方法研究语言材料的语体分化现象。冯胜利(2010)则指出,从语言学角度看,语体能够给当代句法学的理论提供一些崭新的研究线索。如果语体语法是存在的,语体不同则语法也应之而异,那么现实中就没有不带语体的语法,就没有不关语体的合法性。刘大为(2013)从语体变量出发,提出了语体研究的四种范式:解释范式、推绎范式、本体范式和语篇范式。

胡明扬(1993)具体讨论了语体与语法之间的关系。李泉(2003)还提出建立基于语体的对外汉语教学语法体系构想,即对外汉语教学语法体系应由共核语法、口语语法和书面语语法三部分构成。

在具体研究方面,李秀明(2007)从元话语标记来讨论语体特征。方梅(2017)以"单单"等为例讨论了饰句副词在叙事语篇中的衔接与视角表达问题,方梅(2017)还从叙事表达视角讨论了"单说"和"但见"衔接功能的差异。

1.5 现有研究存在的问题

其一,关于汉语衔接方式的研究不充分。目前关于衔接的研究主要围绕外语,尤其是关于英语的研究。如2023年12月在中国知网上搜索题目含"衔接"的论文,其中引用率前50位的,有46篇与英语相关,表明汉语衔接方式的具体研究还不充分。

其二,缺少汉语衔接方式的系统性研究。目前关于衔接的研究主要着眼于哪些方式(比如词汇、语法、话语标记等)具有衔接功能,其如何体现衔接功能。从小句如何构成语篇的角度来进行的研究很少。换一个角度说,学界目前主要研究哪些形式可能具有衔接性,鲜见关于具体组构语篇时选择哪一种衔接方式的研究。

其三,基于语体的衔接方式研究较少。不同语体的语篇,它们的关注点是有差异的,比如叙事语体与推论语体,前者关注事件信息和事件主体,后者关注论点如何证明。由于关注点不同,小句组构成语篇的时候,衔接方式一定存在着差异。关于这个差异是什么的研究非常少。

1.6 研究的主要思路

1.6.1 基于一定的参照标准区分语体

张伯江(2012)指出,以语法解释为目的的语体研究并不看重语体的种类,而是关注某种语法特征何以在某种语体里高频出现,或者说何以带有明显的语体选择倾向。换个角度看,由于每一种语体都是多种特征的集束,有什么样的视角就能找到对应的语体实例。比如着眼于听话人与着眼于说话人的语体研究不同,后者主要根据对听话人情况的判断选择语言形式。这种关注点的不同可能会体现在细微的语言形式方面,构成一些语体变量,由此产生了语法特征的差异。本书依据传递信息的差异,提取造成语体差异的一些变量,形成相应的参照标准,并基于这一标准来区分语体类别。

1.6.2 基于语体的特点考察衔接方式

1.6.2.1 基于语体研究汉语衔接方式

刘大为(2013)指出,语法学家的目标其实很实际,什么样的语体值得"看重",唯一的原则就是能否对他所关心的语法事实做出有效的解释。由此出发,被他们"看重"的语体有操作语体(陶红印,2007)、书面正式语体(冯胜利,2006)、叙事语体(陈佩玲、陶红印,1998),等等,甚至是历史上的口头说讲体或是新兴的网络聊天所属的语体(张伯江,2012)。

胡壮麟(1995)指出,有些衔接连贯现象只见于英语语料,或只见于汉语语料。可见,汉语的衔接可能既有与其他语言共性的特点,也有其自己的特点。

在表达过程中,即使是同样的基础小句,由于交际目的的不同,其信息凸显点也可能有差异,这种差异常常体现在语体方面。而不同的语体选择的衔接方式有差异,如方梅(2017)指出,说明类语体以论点与论据的逻辑关联为主线,语篇内部结构是以"核心句-卫星句"为主要支撑;而叙事类语体是以事件过程为主线,事件发生的时间顺序和事件参与者的行为是这类语篇的推进方式,在叙事主线上的信息内容是前景信息,主线之外的铺陈是背景信息。因此,叙事语体中句首的时间状语和处所状语往往成为情节的分节点[华莱士·切夫(Wallace Chafe,1980)],事件语篇主角的转换在事件过程描述中也同样扮演重要的角色。

本书首先从时间性、空间性、主体、顺序、论点或观点凸显等视角,将语体分为叙事、描写、说明、观点等,研究各语体的主要衔接方式以及它们构建的小系统和大系统等,在此基础上研究它们衔接方式的差异。

1.6.2.2　采用自上而下和自下而上结合的思路进行研究

先研究汉语中有哪些主要的衔接方式,再研究具体语体中使用哪些衔接方式。从小句与小句的衔接、句子与句子的衔接等层面研究不同衔接方式的功能,在此基础上概括出各语体衔接方式的特点。采用自上而下与自下而上相结合的研究思路。

同时,研究不同语体中具体衔接方式的选择性。虽然衔接有很多方式,但是在具体的语体和语境中,衔接方式的选择可能是受限的。比如小句与小句之间的衔接,常常是语法方式,如替代、零形式等;句子之间的衔接,则不同语体的选择差异相对较大。这方面的研究,主要从高层面的影响因素(主要是凸显信息)出发,具体研究衔接方式的选择问题,也采用上下互动的研究思路。

第二章 汉语语体与衔接方式的选择性

冯胜利(2012)指出,如果根据人们交际的基本属性来定义,语体是一种语言的功能,是人们用语言来确定和调节在场说、听者之间关系的一种语言功能。语言的功能多种多样,只有确定和调节发话者和听话者之间关系的那种语言的功能,才是我们这里说语言的语体功能。说话者和谈话者之间的关系也多种多样,语体的调距功能所侧重的只是语言调节说者和听者之间高低远近"距离"的功能。许彩云(2021)也从言语行为理论出发对"语体"进行了重新界定:语体是语篇的类型,是实施某种类型言语行为时,语言在使用方式及语言形式上所形成的成格局的话语模式。陶红印(1999)认为,不该将语体的区分仅限于口语和书面语,传统的口语和书面语的说法实际是带有典型性视点的说法,应区分典型和非典型语体。

从上可知,语体的分类主要基于研究视角,不同视角下分出的语体类别也有差异。本书主要从功能的角度给语体进行分类,并依据功能相关的特征,判断一个语篇属于何种语体。

2.1 汉 语 的 语 体

2.1.1 语体的分类

关于语体特征的差异性问题,方梅(2017)指出,从句法角度看,语体差异的核心要素可以概括为对时间连续性和凸显行为主体关注程度的差异。典型的叙事类语体具有时间连续性,关注动作的主体;操作类语体具有时间连续性,但是不关注动作的主体;行为言谈语体不关注时间连续性,但是关注动作的主体;而说明类语体既不具有时间连续性,也不关注动作的主体。本部分我们依据事件性、空间性、主体性、动态性等特点对语体进行分类,并主要考察传统的叙事类、描写类、说明类、观点类语体①。

---

① 目前关于这些语体的研究,主要关注的是其典型用法,对于如何从特征出发进行界定,研究得还不是很充分。

2.1.1.1　叙事类语体

2.1.1.1.1　时间性与叙事类语体

在具体的时间、空间中,某一主体发生了变化或者出现了新情况,就是叙事类语体。如:

(1) 上世纪 80 年代,我在后屯小学当代课老师。那天刚上课,刘晓丽忽然带着哭腔说她的钢笔不见了。(邢庆杰《钢笔》)

例(1)中,"上世纪 80 年代"表示的是一个绝对时间,后续表示这个时间中发生了什么,这个语篇就是叙事语篇。有的时候,表示的时间是一个时间参照点。如:

(2) 20 多年前,我参加高考,考了个不错的分数。但那时还是估分填志愿,结果过于自信的我,将总分多估了 15 分,最终以 4 分之差,没能被所填报的大学录取。(徐九宁《留在心田上的"水印"》)

例(2)中,"20 多年前"表示时间,后续内容表示在这个时间中"我"发生了什么。其中"20 多年前"是以陈述时的时间为参照,这个参照时间是一个绝对的时间,这也是一个叙事语篇。有的时候,事件是惯常性的,其中的时间就可能不是一个绝对时间点,而是一个在某个时段内重复出现的。如:

(3) 外祖母家有一片很大很大的菜园。<u>春天一到</u>,最先种上的是菠菜、生菜和白菜,<u>之后</u>种香菜、水萝卜和土豆,<u>再之后</u>种那些爬蔓的植物:豆角、倭瓜、黄瓜等。当然,如果弄到茄子秧、柿子秧、辣椒秧,它们也一定会被恰到好处地栽种在园子里,<u>那时候</u>菜园中的蔬菜品种可就丰富了。(迟子建《不老的菜园》)

例(3)中,"春天一到"中的"春天"所指不是某一个"春天",而是在那个时间段中的每一个"春天"。最后一句中的"那时候"也不是指绝对时间。当然,这个事件也可以是虚拟的。如:

(4) 腊月二十三小年那天晚上,老梁头老伴儿多炒了俩菜,破例地给老梁头烫了一小壶酒。(郝殿华《借条》)

例(4)是小说中的语篇,其中"腊月二十三小年那天晚上",由于其没有"哪一年"的信息,所以看起来似乎也是一个惯常句,但这个虚拟事件中的时间不可以重复出现,因此应当看作一个确定的时间点。

2.1.1.1.2　空间性与叙事类语体

（5）警务室门口，成了老人们临时存放东西的地方，经常放置的小物品有钥匙、背包，小学生的红领巾、书包等。（连忠诚《芳香的百合花》）

（6）旅馆很小，房间更小，只有一张单人床和一张小书桌。他说："我们就住这间了。"（鲁小莫《爱中有朵小浪花》）

在一些篇幅较小的叙事语篇中，有时不出现时间信息，只出现空间信息。如例（5）中，"警务室门口"就是事件发生的处所；例（6）中，"旅馆""房间"都是处所信息，这类语篇一般不凸显绝对时间信息，仅陈述具体空间中发生的事件，但都可以补出一个时间点或者时间段。

2.1.1.1.3　主体性与叙事类语体

（7）梅所在的城市西京市爆发了疫情，单位规定不准离开县境。（王立刚《财神》）

（8）第二天一早，李婶到羊圈一看，果然前几天丢的羊被送回来。（学科网《李叔断案》）

叙事类语体都有事件的主体，这个主体主要是"人"，也可以是单位或者"物"等。如例（7）中，"规定"的发出者是"单位"；例（8）中，"被送回来"的是"羊"。

从上述案例可以看出，叙事类语体具有时间性、空间性，具有事件主体。这个主体可以是有生的，也可能是无生的，通常以有生的为主。

2.1.1.2　描写类语体

描写就是把人物或景物的状态具体形象地描绘出来，常常是介绍一定的时空中存在的静态对象。可以是人物描写或环境描写，也可以是动态描写、静态描写；可以是自然环境描写，也可以是社会环境描写等。如：

（9）江老先生的家在道外区。道外区的巷子很多，窄窄的，两面高墙，一色青砖，间有青苔漫着。江老先生的家临着江，是泥房单顶。只是很破旧了，四面危墙用杠子支着，是独门独院，北面临着一条热闹的街。院子拾掇得很干净。（阿成《良娼》）

（10）桂林西门外有座赵家山。这山圆滚滚的像一个车轮。赵家山的东北面有座白牛山，东南面有座牯牛山。碧绿的阳江从北往南流过白牛山和赵家山的中间,再流过牯牛山西边的山脚,然后一直流入漓江。三山一水之间,是一片广阔的田地。(李建树、孙侃《中国民间故事》)

例(9)主要描写"江老先生"家的环境,一个具体的场景;例(10)是具体描写"三山一水"的情况。描写类语体都有对象,也就是描写的主体,可以是单一的,也可以是多个。其本身不具有能动性,但可以具有时间性①。

2.1.1.3　说明类语体

说明类语体指通过解说使听者或读者了解某一事物或现象的语体,主要对某一对象进行客观的、科学的解说或介绍。马蒂·赫斯特(Marti A. Hearst, 1994)从篇章结构上将说明类语体定义为少数主要话题背景下进行的一系列次话题的讨论,表现形式有简介、解说词、法律规章、科学论文等。韩虎山(1998)提到,所谓说明性,是指说明文主要运用说明的表达方式,侧重对客观事物或事理做如实的介绍、简要的解说,力求使人有所知。语体功能在于介绍知识、阐述道理。

说明类语体一般包含普及性说明、操作性说明和专业性说明。本书主要讨论普及性说明。如:

(11) 放线菌是一种单细胞生物,所以你看到它长得像一棵树也好,一根草也罢,其实都只是一个细胞。那些奇形怪状的丝,是它的菌丝。菌丝覆盖了很大的空间,这对于寻找食物大有好处。放线菌能释放出一种化学物质,正是这种物质,让我们能闻到一股泥土的清香。(施伟泉《泥土的清香自哪儿来》)

(12) 为何雨后泥土的清香让人感受更明显呢?

　　……

　　下雨时,雨水冲开了土壤,这些晴天时埋在土中的孢子长成的放线菌随着空气中的小液滴四下弥漫。当它们被吸入鼻孔,我们就能感觉到一股泥土的清香。土地干旱越久就有越多的放线菌孢子存在,所以雨后泥土的清香在久旱之后尤其明显。(施伟泉《泥土的清香自哪儿来》)

---

① 在描写的下位类别中,常常将心理活动看作一类,从时间性角度看,叙事过程中的心理描写也属于叙事类语体,因为其属于具体时间中的变化情况。

　　若主要内容围绕"是什么""怎么做""为什么",可以判断其为说明类语体。如例(11)主要说明放线菌是什么以及为什么有泥土的清香;例(12)主要说明为什么雨后泥土的清香让人感受更加明显。

　　说明类语体都有一个说明对象,这个对象可以是实物,也可以是抽象的内容。

2.1.1.4　观点类语体

　　观点类语体前后句之间有一定的逻辑关系或者语用推理关系,存在依据以及结论,可据此判断是否为观点类语体。如:

(13) 苏珊娜 1990 年结婚以来,有了 3 个子女,看来家庭挺和睦。(北京大学 CCL 语料库)

(14) 品读此书,如欣赏一本精美杂志般轻松愉快,可见,作者把他从顶尖杂志那里学到的东西付诸实践了。(北京大学 CCL 语料库)

　　观点常常是言者个人的,有时候是通过推理获取的,推理的依据可以是逻辑关系,也可以是基于个人认知的语用推理。如例(13),"看来"后的"家庭挺和睦"是一种基于个人认知的语用推理;例(14)中,"可见"表明是基于一种常识的推理。

　　观点类语体一般都是基于一定的事实或者理论,推导出新的结论或者看法等。

2.1.2　不同语体之间的关系

2.1.2.1　叙事类语体与描写类语体

　　叙事一般是在具体的时空中出现的情况或者发生的变化,是可以判断真伪的。主体可以是有生的,也可以是无生的。描写可以是具体时空的,但是一般不是新出现的情况,或者突然发生的变化。如:

(15) 今天天气晴朗,夕阳挂在山头上,余晖洒落在公园里,公园一片金黄。虽然说已入秋,但是南方的秋天,一切似乎没什么变化:树木依然葱翠,绿叶在枝头上跳舞。虽然偶尔也会零散地落下几片树叶,但是至少不会像北方那样,出现大面积地落叶。黄昏下的公园,景色宜人,人来人往,很是热闹!(学科网《黄昏下公园》)

　　在这个语篇中,虽然有绝对时间词"今天",但是后续的内容不一定是仅在这个时间点存在或发生的,这里的"今天"是一个观察的时间点,但观察的对象在这个时间点的前后一般是没有什么变化的,比如例中的"虽然偶尔也会零散地落下几片树叶,但是至少不会像北方那样,出现大面积地落叶""黄昏下的公园,景色宜人,人来人往,很是热闹",都是可以重复发生的,所以将其看作描写。

当然,有些语篇既有叙事的特点,也有描写的特点。如:

(16) 从天安门往里走,沿着一条笔直的大道穿过端门,就到午门的前面。午门俗称五凤楼,是紫禁城的正门。走进午门,是一个宽广的庭院,弯弯的金水河像一条玉带横贯东西,河上是五座精美的汉白玉石桥。桥的北面是太和门,一对威武的铜狮守卫在门的两侧。(黄传惕《故宫博物院》)

例(16)的文本,是采用参观的方式来描写具体的场景,所写皆为参观者所见。这类语篇中,参观者的变化主要体现在观察视角的变化,对所描写的对象没有影响,一般仍看作描写类语体。与叙事类语体相比,这类语篇具有可重复性,即换一个参观者,换一个时间,其所见依然是相同的。所以描写类语体的对象是没有变化的,或者陈述的时候不凸显变化情况。描写突出稳定性,叙事凸显变化性。

具有时间性、空间性,有主体且其具变化性,可以判断内容真伪,则为叙事。可能具有时间性、空间性,有对象且其具稳定性,则为描写。

有些语篇,看起来是写人的,但是由于不凸显具体的时间,所以仍应属描写。如:

(17) (年少时,记得有一个艄公。)竹筏上摆着几个矮板凳。艄公也是戴尖帽的斗笠,穿一件棕黑色蓑衣,光着脚板。他撑第一竹篙的时候,会"嘿呀吼"地吆喝一声,竹筒插入水底,竹筏慢慢滑动,竹篙斜起来,再拔出水面,插入水底。竹筏嘶嘶嘶嘶地滑翔,青山在飞。(傅菲《回不去的渡口》)

例(17)中,虽然有一个时间信息"年少时",但其所辖为"记得",并不对后续的内容("竹筏"后的内容)产生影响。其后语篇主要是描写一个场景,没有或者未凸显时间性,所以仍看作描写。如下这个语篇应属叙事:

(18) 春日的阳光映着窗外的夹竹桃,投下斑驳的树影,母亲却明显地憔

悴了,瘦弱的样子差点让我不敢认,但她的精神状态却很好,仿佛拣回了珍贵的珠宝一般小心地守护着我。(学科网《母亲的心》)

例(18)中,主要写的是具体的时间、场景中母亲的情况,是一种新情况,或者说是变化的情况,因此这是一个叙事语篇。

有的时候,同一个语篇中既有叙事,也有描写。如:

(19) 十八年来,这似乎是我第一次这样近距离地看她,看她的脸。<u>她的眼角已不知何时爬上了皱纹,曾经光滑的额头已藏不住淡淡的褶子,右耳的鬓边几缕青丝也已成了白发</u>。(毕啸南《时间不等人》)

例(19)中,"十八年来"及后续小句是叙事,为具体的时间、空间中出现的情况。而其后画线的句子是描写,其在一个时间段中是可以重复的。

2.1.2.2 叙事类语体与说明类语体

说明类语体有的时候也有过程,与叙事类语体相似。如:

(20) 纺线有几种姿势:可以坐着蒲团纺,可以坐着矮凳纺,也可以把纺车垫得高高的站着纺。站着纺线,步子有进有退,手臂尽量伸直,像"白鹤晾翅",一抽线能拉得很长很长。这样气势最开阔,肢体最舒展,兴致高的时候,很难说那究竟是生产还是舞蹈。(吴伯箫《记一辆纺车》)

例(20)是在说明纺线的几种姿势,其中似乎有叙事成分,如:"站着纺线,步子有进有退,手臂尽量伸直,像'白鹤晾翅',一抽线能拉得很长很长。"但是这个语篇中没有时间信息,内容具有可重复性,所以是说明类语体,而不是叙事类语体。

说明,是指在文章中对事物进行介绍、解释的一种表达方法。有些说明类语篇虽然具有陈述性,但是所述对象不具有变化性或自主性。如:

(21) 春秋末期,还出现了写在绸子上面的书。这种书叫做帛书。它可以卷起来,一部书就是一卷绸子,用木棒做轴,所以也叫它卷轴本。(崔金泰、宋广礼《从甲骨文到口袋图书馆》)

例(21)中,有表示时间信息的词语"春秋末期",但是没有事件主体,其主要说明在这个时间"出现"了什么,所以应属说明类语体。

在说明类语体中,常常采用举例、数字、比喻、分类、比较、引用等方法进行

说明,其中的举例法,既是叙事,也是说明。如:

(22) 当然,这种笨重的书使用起来是极不方便的。据说,秦始皇每天批阅这种写有文字的竹简和木片有一百二十斤重。西汉的时候,东方朔给汉武帝写了一篇文章,用了三千片竹简,是由两名身强力壮的武士吃力地抬到宫廷里面去的。汉武帝把竹简一片一片地解下来看,足足用了两个月的时间才看完。(崔金泰、宋广礼《从甲骨文到口袋图书馆》)

例(22)主要是说明这种书的笨重,"据说"后引出了两个事件,它们都具有时间性["秦始皇(时)""西汉的时候"]。因此虽然是在说明类语体中,这类用法的例子本身仍然属于叙事。

说明的过程具有可重复性,且不关注动作行为的主体。如:

(23) 随后就是放到稀硫酸里煮一下,再用清水洗。洗过以后,表面的氧化物和其他脏东西得去掉了,涂上的色料才可以紧贴着红铜,制成品才可以结实。(叶圣陶《景泰蓝的制作》)

例(23)主要陈述景泰蓝的制作过程,虽然不同的程序存在先后关系,但是没有相关的事件信息,而且不凸显过程中"人"的作用(表现在语篇中没有出现施事),所以仍是说明语篇。

2.1.2.3　说明类语体与观点类语体

有一类说明类语体,主要说明"为什么"。而推理语体,也存在原因和结果的关系。它们的差异在于:说明"为什么"的,是先有现象(或者说"存在的事实"),再说明原因。而观点类语体,是先有因,推断出果,或者把因与果联系起来。观点类的内容可以是客观的,也可以是主观的。如:

(24) 欧盟今年已由 12 国扩大到 15 国,今后还要扩大。显而易见,6 国创建共同市场时建立的机制已不能适应当今形势需要,急需改革。(《人民日报》,1995)

(25) 越王勾践为了灭吴受了多少年的凌辱,尝了多少年的胆。他从来没有草率地为报一箭之仇而出兵吴国,而是用平和、坚定的心对内不断提升自己,对外等待最佳时机。可见,坚定而又平和的心态才是成功的前奏。(学科网《欲速则不达》)

例(24)中,先有事实"欧盟今年已由 12 国扩大到 15 国","显而易见"后的内容是根据这个事实推理出来的。例(25)中,前面是关于越王勾践的事实,用"可见"引出言者从这个事实得出的道理。而说明"为什么"的语篇,先有结果,从结果出发探究原因。如:

(26) 花儿为什么这样红？首先有它的物质基础。不论是红花还是红叶,它们的细胞液里都含有由葡萄糖变成的花青素。当它是酸性的时候,呈现红色,酸性愈强,颜色愈红。当它是碱性的时候,呈现蓝色,碱性较强,成为蓝黑色,如墨菊、黑牡丹等是。而当它是中性的时候,则是紫色。万紫千红,红蓝交辉,都是花青素在不同的酸碱反应中所显示出来的。（贾祖璋《花儿为什么这样红》）

例(26)中,首先陈述的是一个事实"花儿很红",后续内容再具体解释化儿为什么有那么多种颜色(包括"为什么这样红")。与说明原因的语篇一般不能出现表示个人主观性的表达不同,有些观点类语篇可以出现个人主观性的表达方式。如:

(27) 经验证明,有许多书看一遍两遍还不懂得,读三遍四遍就懂得了;或者一本书读了前面有许多不懂的地方,读到后面才豁然贯通;有的书昨天看不懂,过些日子再看才懂得;也有的似乎已经看懂了,其实不大懂,后来有了一些实际知识,才真正懂得它的意思。<u>因此</u>,重要的书必须常常反复阅读,每读一次都会觉得开卷有益。（邓拓《不求甚解》）

例(27)中,"因此"后是推理的结论,可以在这里加上"我认为"等表示言者主观性的词语。但是在例(26)中,"万紫千红"前不能加上这类词语,如不能说:"我觉得万紫千红,红蓝交辉,都是花青素在不同的酸碱反应中所显示出来的。"

总的来看,观点是有了一定的理论和事实,推测与之相关的可能的情况,或者主观上认为理论和事实之间存在着相关性。而说明,是有了一定的事实,客观说明这个事实是什么或者是如何产生的,等等。

2.1.2.4　描写类语体与说明类语体

描写类语体和说明类语体都可以陈述客观的内容,但描写的对象一般是客观存在,而说明的对象常常是抽象的,或者是某种情形等。如:

（28）宁静的海面笼罩着一层薄纱，若隐若现的船只随着海浪起伏，船
　　　上的人们遍望夜空中"犹抱琵琶半遮面"的星空与月亮……（你
　　　一定觉得这样的画面非常美好静谧。但画面的主角之——海
　　　雾，正是我们要讲的一种海洋灾害性天气过程。）（学科网《梦幻
　　　又危险的海雾》）

（29）这种草房子实际上是很贵重的。它不是用一般稻草或麦秸盖成的，
　　　而是从三百里外的海滩上打来的茅草盖成的。那茅草旺盛地长在
　　　海滩上，受着海风的吹拂与毫无遮挡的阳光的曝晒，一根一根地都
　　　长得很有韧性，阳光一照，闪闪发亮如铜丝，海风一吹，竟然能发出
　　　金属般的声响。用这种草盖成的房子，是经久不朽的。（曹文轩《草
　　　房子》）

　　例（28）中，画线部分是描写，其主要陈述"海雾"的情形，是客观的存在。
例（29）中，第一个句子"这种草房子实际上是很贵重的"是这个语篇说明的
内容，后续介绍"茅草"的情况都是围绕"贵重"展开的。距离远（"三百里
外"）、有韧性（"生长的地方条件恶劣"）、持久性（"经久不朽"），这几个方面
都是客观的，但是它们都是关于"茅草"的某种情况，是用来解释为什么"贵
重"的。

　　有的时候，一个语篇中既有描写，也有说明。如：

（30）油麻地小学是一色的草房子。十几幢草房子，似乎是有规则，又似
　　　乎是没有规则地连成一片。它们分别用作教室、办公室、老师的宿
　　　舍，或活动室、仓库什么的。在这些草房子的前后或在这些草房子
　　　之间，总有一些安排，或一丛两丛竹子，或三株两株蔷薇，或一片花
　　　开得五颜六色的美人蕉，或干脆就是一小片夹杂着小花的草丛。这
　　　些安排，没有一丝刻意的痕迹，仿佛这个校园，原本就是有的，原本
　　　就是这个样子。这一幢一幢草房子，看上去并不高大，但屋顶大大
　　　的，里面很宽敞。（曹文轩《草房子》）

　　例（30）总体而言是一个描写性的语篇，但就具体的句子来说，是描写中有
说明，语篇中的画线部分都是说明类语体。在这个语篇中，说明的内容都是非
主要信息，具体表现在如果删除它们，原来的语篇仍然是连贯的，描写的信息
基本上没什么缺失。

　　以上几种语体的功能及特征之间的关系，可以用表 2-1 表示。

表 2-1　不同语体类别的特征差异表

语体类别	特　征　项					
	动态性	主体性	否定性	时间性	空间性	推理性
叙事类	+	+	+	+	±	−
描写类	−	+	−	+	±	−
说明类	+	−	+	−	−	+
观点类	−	−	+	−	−	+

2.1.3　语体的层级性

　　在研究语篇的语体特点时,常常依据整个语篇的特点来判断它的语体类别。实际上语体是一个相对的概念,具有层级性。但正如例(30)分析的那样,从整个语篇中分出来的句子或小句可能是其他语体。由此可见,虽然例(30)整体是描写性的,但组成语篇的句子既有描写,也有说明。所以判断一个语篇的语体类型,是基于其层次的。如我们考察的《李叔断案》《欠条》是叙事语篇,《花儿为什么这样虹》《看云识天气》等是说明语篇,《故宫博物院》《晋祠》是描写类语篇,《啄木鸟针对是益鸟》《播种不等于收获》是观点类语篇,这是把整个文章作为一个语篇判断的。总的来看,语体的判断大致可分为三个层次:高层、中层或低层。高层一般基于一个标题下的全部语篇,中层则基于一个段落的语篇,低层则以句子为单位判断。如:

(31)　① 有这样一个故事,说的是一个爱讲废话而又不肯勤奋学习的青年,整天缠着大科学家爱因斯坦,要他公开科学成功的秘诀。② 爱因斯坦被他缠得没办法了,就给他写了一个公式:A = X + Y + Z。③ 然后告诉他:"A 代表成功,X 代表勤奋,Y 代表正确的方法,Z 代表少说废话。"这个公式,包含着真理,它表明:一个人要想在科学上取得一点成绩是不容易的,它既要求人们在学习时要有正确的方法,又要求人们少说废话,多干事实,更重要的是要求人们有一个"勤"字。(学科网《谈勤奋》)

　　例(31)是一篇文章中的一个段落,其主要内容是论证想要成功,必须勤奋,所以整个语篇是观点类语体,但是其中的画线部分的三个句子都是叙事类语体,采用例证法。从组成情况看,低层是叙事、观点类语篇,中层是观点类语篇。

　　本书主要采用自下而上的方式判断语篇的语体类型,从最小的语篇单位——小句出发,讨论小句与小句之间、句子与句子之间的衔接关系。因为虽然一个大的语篇中可能包含两种或以上的语体类型,但一个句子只属于一种语体。之所以考虑不同层级,是因为在组成高一个层级语篇的下位语篇中有其他类型的语篇,这些低层的语篇之间常常需要显性的衔接方式进行衔接,实现转换。如例(30)第二个句子最前面的"它们"、第四个句子最前面的"这些安排",例(31)中最前面的"这个公式",等等。当然,从语体角度考察,观点类语篇中的叙事与叙事类语篇(如故事、小说等)存在着明显差异,如例(31)的叙事中就没有时间、空间等信息。不过这不是本书的研究重点。

2.2　汉语的衔接方式

2.2.1　衔接的实现路径

在组构语篇的过程中,常常使用一定的方式实现衔接,汉语语篇主要通过以下三个方式。

2.2.1.1　取消独立性

在表达过程中,一个小句表达的意义越完整,那么其独立性就越强;越不完整,则独立性越弱。方梅(2008)曾经讨论过零形回指的背景化功能。如:

(32) 走过来,小王打开了窗户。

　　例(32)中,第一个小句"走过来"是一个动作行为,但缺少"走"这个动作的发出者,其不能传递完整信息,必须在下文中找到这个发出者"小王"。所以这个小句的主语不出现,是取消其独立性的一个重要方式。

2.2.1.2　增强依赖性

有些表达一般不独立传递信息,在组构语篇时常常依赖其他小句共同传递完整的信息,这类表达也是衔接的重要实现方式。如:

(33) 吃了饭,我们就马上离开。

(34) 吃了饭,你们就感觉到暖和了。

　　"吃了饭"不传递完整的信息,在上两例中,其表达的意思有一定的差别。

例(33)中,一般为传递后续的时间信息,可以解读为"吃了饭之后"。例(34)中,"吃了饭"则可能表达时间参照,解读同例(33);也可能表示假设条件,解读成"如果(只要)吃了饭,就感觉到暖和了"。所以"吃了饭"本身表义具有不确定性,需要依赖后续小句或语境才能正确解读。从信息处理的角度看,这类小句常常充当背景。

2.2.1.3　体现相关性

有的时候,两个小句之间的关系不明晰,就需要用一定的语言手段明示它们之间的关系,使它们成为衔接的语篇。如:

(35)工作量很大。他完成了任务。

当将这两个小句直接组合,传递的信息仍不清晰,因此需要使用语言手段。如:

(36) a. 虽然工作量很大,但是他完成了任务。

　　　 b. 尽管工作量很大,他也完成了任务。

　　　 c. 即使工作量很大,他也完成了任务。

虽然以上三个句子的基础句一样,但是如果选择不同的词语明示它们之间的相关性,其表达的意思就会是不同的,即组构成三个不同的语篇。例(36)a凸显的是转折关系,表明后面的结果与一般的预期不一致;例(36)b中,用"尽管",凸显的是轻转关系,表示"工作量很大"并没有影响他完成任务;例(36)c用"即使",凸显的是一种让步条件关系。所以不同的衔接词语,可以将同样的小句组构成不同的语篇。

2.2.2　实现衔接的几种情况

衔接是在句法、语义层面实现的,它是指语篇中的小句与其他小句在语义上具有相关性,也就是如果一个小句中某个成分的解释依赖于另外一个小句,那么它们之间就是衔接的。有的小句中所有成分的解释都不依赖其他小句,但两个小句之间有连接词,那么它们也是衔接的。总的来看,主要有三种情况。

第一,小句中某个成分的解释须依赖于另外一个小句。如:

(37)张老三从屋子里走出来,他的口袋里装满了东西。

(38)我明天值班,你明天,他后天。

例(37)中,后一小句中"他"的解释依赖于前一小句的"张老三";例(38)中,后面两个小句表达的意思是"你明天(值班),他后天(值班)"。因此它们是衔接的。

第二,两个小句的成分之间没有直接或显性关系,但使用了连接词。如:

(39) 天气预报说明天下雨,所以我们取消了明天的运动会。

例(39)的两个小句中,所有的成分都是独立的,不需要依赖另外一个小句来解读,但二者用"所以"连接,表明前后句是因果关系,因此它们也是衔接的。

有的时候,两个小句成分间是有衔接关系的,但仍然用词语连接起来。如:

(40) 他学习一直很努力,而且进步很大。

(41) 他昨天淋了雨,所以今天感冒了。

这两个句子分别由"而且"和"所以"连接,如果去掉,语义仍然明晰,如:

(40)′ 他学习一直很努力,进步很大。

(41)′ 他昨天淋了雨,今天感冒了。

由此可见,有的连接词语是强制性的,有的是非强制性的。非强制性的一般用来凸显小句之间的关系,表达言者的主观性,增强语篇的连贯性。

第三,两个小句之间各成分的解释不依赖于另外一个小句,而且没有出现显示它们之间关系的连接词语,但又可以完成交际任务的。如:

(42) a. 我能借你的车用一下吗?

　　　b. 我下午要去机场接人。

这类语篇一般通过语境补充相关信息,使前后句连贯。在惯常认知中,"下午去机场接人"就意味着"需要用车",表示的意思是"我不能借车给你"。这种表达方式作为答句也能够准确传递言者的意思,因此它们之间也是衔接的。

综上所述,无论是在口语或书面语中,只要两个小句之间的相关性明确,而且可以完整传递言者希望传递的信息,完成交际任务,它们就是衔接和连贯的。

2.2.3　衔接的具体实现方式

2.2.3.1　与依赖性相关的衔接方式

第一,外指衔接。主要是指与现实世界或虚拟世界的衔接,胡壮麟(1995)

认为外指衔接主要有人称指示和情景指示两种。如：

（43）曾经,<u>一位刚毕业的女大学生</u>回乡当村干部,有村民说她是下来"镀金"的。（向贤彪《在实践中磨砺成"真金"》）

（44）<u>潘小锋</u>是个寡言少语、性格内向的学生,他瘦削的脸上有着一双透着忧郁却又叛逆的眼睛。（学科网《最小的星星也闪光》）

（45）<u>那</u>是陕北的一座高峻石崖,陡峭得不能再陡峭了,齐上齐下,刀削的一般,笔直地立在那儿;崖上又极少有土,极少有草,却不知在何年何月,就在那半崖上,在一条看不大清楚的石缝间,突兀地生了一棵枣树。（刘成章《石崖上的枣树》）

例（43）中,用"一位刚毕业的女大学生"这个名词性短语来指示现实世界中的主体;例（44）是一个虚构的事件,直接用专名"潘小锋"来指示事件中的人物;例（45）中,用"那"来指示具体的"高峻石崖"。这几个例句中,分别用"一+量词+动词短语+的+名词"、专有名词、代词实现了外指衔接。

实际上,除了以上两种指示以外,对时间和空间的指示也是外指的常见形式。如：

（46）<u>从小学三年级开学第一天</u>,她送我去学校后,就再也没有接送过我上下学。于是,每当其他小朋友的爸爸妈妈来接送时,我都只能眼巴巴地羡慕着,然后咬咬牙自己收拾书包,一个人默默地回家。

　　　　<u>长大一点了</u>,我被寄养在爷爷家,她偶尔打电话问问情况。对于我的一切都表示无异议,不管我的英语考了58分还是98分。

　　　　<u>再大一点</u>,上初中了,寄宿的我和她见面的次数仍少之又少,她几乎从不问我是否遇到过什么困难,也不问我交了什么朋友,只是拍拍我。（郑海丹《我的妈妈是老虎》）

例（46）中,整个语篇有三个下位语篇（段落）,它们是衔接的。从它们之间的关系看,是以三个画线的部分,即三个表示时间段的词实现的衔接。

第二,内指衔接,指与上文或下文的衔接。如：

（47）<u>花岗岩</u>在石头中是最坚固的一种,<u>它</u>质地紧密坚硬,不怕水的溶解,不怕酸、碱的侵蚀。（陶世龙《花岗岩为什么特别坚固》）

（48）<u>起了一个大早赶回老家去,为的是应母亲的要求把老瓦房修缮一下</u>。<u>这</u>是母亲在电话中一再要求的,用母亲的话说,重新修缮上瓦,

这才像座房子。(李清奎《老瓦房》)

(49) 苏州园林里都有<u>假山和池沼</u>。<u>假山</u>的堆叠可以说是一项艺术,而不仅仅是技术。……至于<u>池沼</u>,大多引用活水。(叶圣陶《苏州园林》)

例(47)中,"它"指示依赖于前句的"花岗岩";例(48)中,"这"指前文的"把老瓦房修缮一下",这两例都是用代词指示前面的名词或动词性短语。例(49)中,前文出现了"假山和池沼",后文分别用一般名词"假山""池沼"指示前文的对象。

2.2.3.2　与指称性相关的主要衔接方式

2.2.3.2.1　汉语的指称性

"指称性"是语法、语义及语用研究的基本概念之一。指称(reference)是语言中的表达式(包括词、短语和句子)与世界(包括现实世界和可能世界)中的事物之间的关系。

与指称性相关的衔接与指称性信息量有关。指称性信息量,是语言信息量的一个部分。邓杰(2009)把话语信息定义为语言交际过程中可以减少或消除受话人某种不确定性的新内容。相应地,话语信息量则被界定为不确定性的减少或消除程度。指称性信息量与语言成分的指称能力有关。所谓指称能力,是指语言指称世界中某一事物的能力大小。指称能力越大,信息量越大,反之则越小。比如例(43)中的名词性短语"一位刚毕业的女大学生"和例(44)中的专有名词"潘小锋",都比后文中的代词的所指更加确定,所以信息量更大。后文中代词的解读依赖于前面的名词性成分,如果没有这两个名词性成分,代词的所指就无法确定。

一般情况下,指称主要是名词或名词性成分的信息量,但谓词性成分或小句有时也具有指称功能。威弗列德·莱曼(Winfred P. Lehmann, 1988)指出:从整体上说,一个动词非句化程度越高,就越像一个普通名词。高增霞(2005)也指出:如果一个小句失去了表达一个具体事件的能力,而只是泛泛地指称一个活动,这个小句就失去了陈述性。在这个过程中,小句的实体性增强,也越来越多地具有和名词一样的句法分布。

所以,只要一个语言成分能够出现在主宾语的位置上,那么它就具有一定的指称性。指称性的强弱主要体现在做主宾语的自由度方面。张德岁、张国宪(2013)通过考察指出:"谓词性主语的事物性、指称性、使因性一般都高于谓词性宾语,指称性与陈述性的强度是主宾语位置上不同谓词之间在意义上最重要的区别。"由此可见,汉语的主语位置对指称性强弱的敏感度比宾语位置更强,通过讨论主语位置的指称性强弱对相关表达形式选择性的影响,可以更加深入地了解指称性对汉语表达的影响。

从语篇组构情况看,以下这些语言单位都可能存在着依赖性,从序列角度看,一般是位置在后的依赖在前的:句子>小句>谓词性短语>谓词>名词性短语>名词>代词短语>代词>零形式。

2.2.3.2.2　汉语语篇中的指称性与衔接功能

汉语语篇中,与指称性相关的衔接主要有以下几种。

第一,名词性成分之间的衔接。在一个小句中,如果一个指称性成分的识别需要依靠语境或者上下文,那么其所在的句子就是不独立的。当然,这个指称性成分的信息量大小不同,句子的独立性也有差异。指称性越弱,句子的独立性越弱。如:

(50) 贫苦人出身的朱德,Ø 已经确立救国救民之志,他不再为高官厚禄去打伤害平民百姓的"混"仗。(姚有志《十大元帅》)

(51) 爸爸走了进来,Ø 听妈妈讲完事情的经过,他静静地点燃一支烟,慢慢地对我说:"……怎么能自作主张呢?"(张之路《羚羊木雕》)

(52) 后来,我们兄妹三人先后考上大学后,父亲也回到了家,母亲终于有了一些闲暇的时光,每天晚饭后,她就和父亲一起,绕着村子走上几圈。那时,微信刚有了运动圈,母亲最快乐的事就是每天看看自己的排名,给大姨、二姨和亲戚朋友们点上赞。(姜萍《母亲的微信步数》)

(53) 售货员给他们扯好布料后,少安非要给秀莲再扯两身不行,但秀莲死活不让。两个人为此争执不下,甚至都拉扯开了。(路遥《平凡的世界》)

名词性成分之间的衔接,有多种形式,最常见的是先行语是名词,照应语是代词,即"名词+代词"的衔接方式。如例(50)中,先行语是专有名词"朱德",第三个小句中的照应语是代词"他",属于"专有名词+代词"衔接;例(51)中,先行语是普通名词"爸爸",第三个小句的照应语是"他",属于"普通名词+代词"衔接。这两例中的第二个小句都将主语省略了,可以看作主语零形式,属于"名词+零形式"衔接。例(52)中,陈述的主体是"(我的)母亲",先行语是这个普通名词"母亲",第一次用代词"她"照应,第二次用"母亲"照应;例(53)

中,先行语有两个,分别是"少安"和"秀莲",照应语只有一个,是名词性短语"两个人",属于"专有名词＋名词性短语"的衔接。

有些特殊用法中,代词具有名词的指示功能。如:

(54) 从来都是她听他的,事事听他的,叫她站不敢坐,叫她坐不敢站……
　　 (侯贺林《吊带》)

(55) 他的学生们都喜欢叫他李大头,我们一般叫他李老师,他是一名山
　　 区支教老师。(唐家银《教音乐的物理老师》)

例(54)是一个微型小说中的语篇,整篇小说都是关于"他"和"她"的故事。"这时,人称代词在语篇中已升格为专门名词。"(胡壮麟,1994:55)这种衔接在有的段落中也会出现,如例(55)中,"他"是代词,但在语篇中,这个"他"用来指示语境中的某个人物,而且在整个段落中都是如此,"他"在功能上也相当于一个名词了。这类用法,在形式上仍然是"代词＋代词"的衔接方式。

有的时候,衔接的成分不是指人的词。如:

(56) 手触到了两个圆圆的东西,Ø 掏出来,Ø 是两个鸡蛋。(吕啸天《两
　　 个鸡蛋》)

(57) 1937 年 7 月下旬,一辆黄包车从西安钟楼前驶过,向北拐去。车上
　　 坐着一位穿蓝布旗袍的小姐,一双乌亮的大眼睛格外动人。(北京
　　 大学 CCL 语料库)

例(56)中,三个小句的衔接成分是"东西",在第一个小句中作为先行语出现,后两个小句中都是零形式,属于"普通名词＋零形式"衔接。例(57)中,实现衔接的是"车",先行语是名词性短语"一辆黄包车",照应语是普通名词"车",属于"名词性短语＋普通名词"衔接。

从实际情况看,实现衔接的方式比我们例句所示的要复杂,后文中将基于语体进行考察。

第二,谓词性与名词性之间的衔接。由于谓词性成分可以具有指称性,在衔接时,可以先行语是谓词性成分,照应语是名词性成分。主要有两种情况。

一是"谓词性成分＋名词性成分"的衔接。如:

(58) 孩子们进入考场后,张桂梅终于可以不用故作轻松了。她坐一会
　　 儿,起来走一会儿,经常不自主地按按贴满膏药的手,似乎膏药没有
　　 贴牢。两个半小时的陪考,让身体虚弱的张桂梅很是吃力,但她舍

不得走,也不愿意回去。(李朝德《蝴蝶的翅膀:张桂梅和她的孩子们》)

(59) 父亲开始他的"演员生涯",是在他74岁的时候。父亲演的尽是迎着镜头走过来或背着镜头走过去的"角色"。不同的服装,使我的老父亲在镜头前成为老绅士、老乞丐、摆烟摊的或挑菜行卖的……(梁晓声《普通人》)

例(58)中,谓词性成分是前面的画波浪线的叙事部分,后一句用名词性短语"两个半小时的陪考"指示这个部分。先行语是谓词性成分,照应语是名词性成分。例(59)中,画波浪线部分是一个句子,是先行语;后一句中"不同的服装"是一个名词性成分,是照应语。

二是谓词性成分与代词或代词短语之间的衔接。如:

(60) 1984年开春,主编派我到天津去约稿,这是我第一次独立到外地约稿。(三娅《一次晤面　十年尺素》)

(61) 入学前,每个年后,都有青黄不接的一段时间,我都会到外婆家打秋风,外婆爱我,这是尽人皆知的。(董改正《风筝》)

(62) 母亲喜欢走路,年轻时就喜欢隔三岔五地去赶集,一口气能走上五六里路。……

　　我明白,母亲这样做是因为家庭负担重,父亲常年在外打工,她既要做农活,又要拉扯我们兄妹三人。(姜萍《母亲的微信步数》)

例(60)中,照应语"这"指示前小句的"主编派我到天津去约稿";例(61)中,"这"指示"外婆爱我",都是"谓词性成分+代词"实现的衔接。有的时候衔接是跨段落的,如例(62)中,先行语是画波浪线段落的内容,在第二个段落中用"这样做"这个代词短语进行衔接。

也有少数语篇中,是先有名词性短语,后有谓词性成分,属于后附性的用法。如:

(63) 搞活企业是经济体制的核心。怎样搞活,有两种做法:……(《人民日报》,1985年)

(64) 宋思明示意海萍坐下,沉吟了片刻说:"我了解你的苦衷。要不这样,我看看周围有没有合适你的位置,你再动动?"(六六《蜗居》)

例(63)中,先行语是名词性短语"两种做法",后续是谓词性成分;例(64)

中,先行语是代词"这样",其所指示的是后续的两个小句,也是谓词性成分。

三是谓词性成分与谓词性成分之间的衔接。如:

> (65) 这一层次的关系词,大致是解放前后吸收的,<u>壮侗语都是各自按当地汉语读音借入的</u>,由于<u>借入</u>的时间短,数量大,所以不完全受各语言固有的语音规律的制约,在某些方面已有突破。(曹广衢《壮侗语中和汉语有关系的词的初步分析》)

例(65)中,画线的部分是小句之间实现衔接的方式,前一小句中的"借入"与其后小句中作定语的"借入"共同实现了前后小句之间的衔接。

谓词性成分之间的衔接一般不作为叙事和描写语篇的衔接方式,推理类或说明类的可以采用。不过总体来看,使用的频率很低。

2.2.3.3　衔接词实现的衔接

2.2.3.3.1　衔接词的衔接

王力(1954)指出:"词和词可以联结。句和句可以联结;有些虚词居于词和词的中间,或句和句的中间,担任联结的任务。这种虚词,我们叫做联结词。"这里的"联结词",本书中称作衔接词。语篇中,很多小句或者句子之间,是用衔接词进行衔接的。如:

> (66) 是的,两年共同的生活,相互之间也许发生过口角、误会,甚至龃龉;<u>但是</u>,一旦到了分别的时刻,一切过去的不愉快就都烟消云散了,只留下美好而温暖的回忆和难分难舍的感情。(路遥《平凡的世界》)
>
> (67) ……
>
> 　　<u>于是</u>,春天开学以后,双水村就办起了初中班。高中毕业回村的田润生和孙少平,走马上任,到学校当了教师。(路遥《平凡的世界》)
>
> (68) 我的家乡在长江北岸,那里雨水较多,<u>尤其是</u>每年的梅雨季节,常常是连月不开。(李成《雨天的狂欢》)

例(66)中,前后句之间语义不一致,用"但是"衔接前后内容,如果没有这个词,语义就不连贯了。例(67)中,是段落之间的衔接,在后一个语段的最前面用衔接词"于是",表明后续的事件是基于前面的事件发生的,存在因果关系。例(68)中,前一小句陈述主体是"那里",后一小句转到特定时间,用"尤其是"衔接。

2.2.3.3.2　衔接词语的"必有"与"可有"

从衔接的角度看,在语篇组构的过程中,衔接词有两种情况:"必有"与"可有"。如:

(69) 大多数的时候,田野是安静的,<u>但</u>它一旦浪起来,是真浪。(孙道荣《田野的浪》)

(70) 因为这样一个风俗,我始终都认为我的小桃树是有灵性的,<u>所以</u>每到过年的时候,我都会给它贴上红纸,写上一个端端正正的"福"字,让小桃树福满乾坤。(卓然《家乡的小桃树》)

(71) 少平第一次单独和一个女同学一块下馆子,<u>因此</u>他有点不好意思。(路遥《平凡的世界》)

上面三例中,分别有衔接词"但""所以""因此",但它们在语篇中的地位是不一样的。例(69)中的"但"一般不能删除,如果删除语篇就会不连贯;而例(70)中的"所以"和(71)中的"因此"删除后,语篇仍然是连贯的。由此可见,语篇中衔接词的功能是有差异的,有些是必有的,删除后原来的语篇就不连贯了;有的是可有的,也就是删除后原来的语篇仍然是连贯的。不过即使是连贯的,一般情况下表达的意义也与原语篇存在着差异,语篇凸显的信息可能不同。这种"可有"用法的衔接词的主要功能是凸显言者的主观性。

2.2.3.4　汉语中基于关系的衔接方式

有的语篇中,前后部分既没有依赖性,也没有衔接词衔接。这类可以看作基于关系的衔接方式,主要有两种情况。

第一,认知衔接,即读者依据自己的知识系统将前后小句或句子衔接起来。如:

(72) 不久前,① 公司接了一个大型项目,② 我每天忙得很,半个月都没给母亲打过电话,只是偶尔看看母亲依然每天成千上万的步数。(姜萍《母亲的微信步数》)

(73) ① Ø 正急得团团转,Ø 听见咚咚的敲门声,Ø 开门一看,② Ø 是一个陌生中年男子,Ø 满脸汗水,Ø 气喘吁吁,Ø 看了看张嫂,Ø 又看了看手中的卡片,Ø 笑呵呵地说:就是你,这回准没错。(王辉《丢失的衣裳》)

例(72)中,小句①是"公司接了一个大型项目",小句②是"我每天都很忙",它们之间的成分解释没有依赖关系。这里主要是认知衔接,读者看到这两个小句时自然将相关信息联系起来。小句①表示原因,小句②表示结果,它们是连贯的。例(73)中,①和②中都没有出现事件的主体,①中零形式所指为"张嫂",②中的主语与①中的主语不同,虽在语篇中并没有显性的形式,但读者却能够理解是"敲门的人",主要前文中有"听见咚咚的敲门声,开门一看",依据已有的知识,后续的主语默认为"(看到的)敲门人",所以语篇也是连贯的。

第二,结构衔接,与结构相关的衔接方式主要是并列或相似结构。如:

(74) 山朗润起来了,水涨起来了,太阳的脸红起来了。(朱自清《春》)

(75) 创业时,只有一个目标,赶快把产品做出来,把产品卖出去。(学科网《你怎么丢下我们不管》)

例(74)中,三个小句都是"NP + V + 起来了",是同样的句式,所以是衔接的。例(75)中,"赶快"既修饰"把产品做出来",又修饰"把产品卖出去",而且其修饰的两个小句是同样的句式,所以这两个小句是衔接的。

2.3 与衔接相关的一些问题

2.3.1 衔接方式的优先度

在实际的语篇组构中,常常可能出现两种以上衔接方式共同使用的情况。同时使用多个衔接方式时,存在优先度或者必要性问题,从衔接力角度看,一般是:衔接词衔接>依赖性衔接>无标记衔接。一般情况下,存在高一级衔接方式时,对于下一级的衔接方式的强制性会有所减弱。如:

(76) 他学习好,但是体育也好。

例(76)可以说成:"他学习好,但是他体育也好",补全了后一小句省略的"他",基本不影响连贯性,说明其主要是用衔接词"但是"进行衔接的。换一种方式,去掉"但是",说成:"他学习好,体育也好",句子仍然是连贯的,但是表达的意思有所变化。再换一种方式,说成:"他学习好,他体育也好",去掉"但是",补全省略的"他",则接受度降低了。这从另外一个角度说明例(76)主要的衔接方式是衔接词"但是",次要的方式是省略"他"。

同一个方式的衔接,也存在优先度的问题。如:

(77) 徐明清说,她陪着江青前往西安八路军办事处。徐明清跟那里的危拱之很熟,危拱之是叶剑英的夫人。(北京大学 CCL 语料库)

例(77)中,有两个先行语"徐明清""西安八路军办事处",两个照应语"徐明清""那里"。在这个语篇中,后句中照应语"那里"是主要衔接方式,理由是使用"那里"的强制性比"徐明清"要强,"徐明清"可以用"他"代替,且不影响语篇的连贯性。

2.3.2　衔接的层次性

语篇组构过程中,衔接内容的层次性有可能影响衔接方式的选择性。如:

(78) ① 放下电话,王芳满脸疑惑,四岁的儿子怎会从幼儿园跑去文具店呢? 她努力使自己镇静下来,Ø 拨通了儿子幼儿园的电话,② 当得知儿子在幼儿园安然无恙时,王芳断定自己接到的是诈骗电话,Ø 便不再理会,Ø 继续干活。(罗洪瑞《一支钢笔》)

例(78)中,"王芳"的照应语有三个形式:"王芳""她"以及零形式,从小句角度看,具体用法为:专有名词"王芳" + 代词"她" + 零形式 + 专有名词"王芳" + 零形式 + 零形式。其中出现了两次专有名词,一次是先行语,一次是照应语。为什么在已有代词作为照应语的情况下,仍然选择专有名词作为照应语呢? 这与叙事的层次有关。观察语篇可以发现,照应语"王芳"前出现了表示时间的成分"当得知儿子在幼儿园安然无恙时",表明这是又一个时间点发生的事情,是另一个层次的语篇。虽然原文中,这个表示时间的成分前使用了逗号,但是如果将其改为句号,也不会影响表达的意思。由此可见,语篇层次性可能影响衔接方式的选择性。

此外,有一类隐性引述性用法常常与语篇的层次性相关。如:

(79) 外婆指给我看这些,说,其实放风筝并不好玩,看看就好。我就撒野了,打滚撒泼,说她是笨蛋,不会做才这样说。(董改正《风筝》)

例(79)中,第一个句子与第二个句子不是直接线性衔接的,第一个句子中有一个动词"说",表明其后的两个小句是引述性的。这类用法中,引述标记词与其辖域中的内容是一个层次的,后续句可以与这个层次整体衔接,也可以与部分进行衔接。如:

(80) 第二年,外婆托小姨带来口信,<u>说她做了一只绸布的大蝴蝶风筝</u>,<u>并且和我小舅试过</u>,<u>飞上天了</u>,我答应着,却没有去。(董改正《风筝》)

(81) 而且代办对儿子也是丧失了信心,决定这次不能再惯着他,<u>想让警方将他抓捕归案</u>,<u>给他留下一个深刻的教训</u>。(www. sohu/a/695037949_100199564 搜狐新闻 2023 - 07 - 26)

例(80)中,"说"的辖域一直到"飞上天了",整个部分是一个层次,后续"我答应着"是与这个层次而不是与"飞上天"衔接的。例(81)中,"想"的内容是后面两个小句,所以最后一个小句是与"让警方将他抓捕归案"衔接,它们都是"想"辖域内的内容。

2.3.3　解释、补充成分的无标记衔接

有的时候,在语篇的主线之外,可能会插入一些解释、补充的内容,而且衔接是无标记的。如:

(82) 他抽烟,但不用烟锅抽。他觉得烟锅太小,<u>抽两口就完了</u>,<u>太麻烦</u>,就经常用纸卷着抽旱烟。(路遥《平凡的世界》)

(83) 1928 年,青年天文学者张钰哲在美国发现一颗小行星,<u>这也是第一颗由中国人发现的小行星</u>,它被命名为"中华星"。(王珏玢《看！天空闪耀着"中国星"》)

例(82)中,第二个句子中的主线是"他觉得烟锅太小,就经常用纸卷着抽旱烟",画线的部分是解释内容,是次要内容,其后的主线的内容不是直接衔接而是间接衔接的,因此须有衔接词"就"。例(83)中,"这也是第一颗由中国人发现的小行星"是一个插入成分,其后句中的"它"是作为前一小句中"一颗小行星"的照应语的。

2.3.4　衔接的句法位置

从考察情况看,依赖性衔接时,主语、定语、宾语等都可以实现衔接。如:

(84) 在公社一级,出现了一种武装的"民兵小分队",<u>这个组织的工作就是专门搞阶级斗争</u>。这些各村集中起来的"二杆子"后生,在公社武装专干的带领下,在集市上没收农民的猪肉、粮食和一切当时禁卖的东西。<u>他们把农村扩大了几尺自留地或犯了点其他"资本主义"</u>

禁忌的老百姓,以及小偷、赌徒和所谓的"村盖子"、"母老虎",都统统集中在公社的农田基建会战工地上,强制这些人接受"劳教"。
（路遥《平凡的世界》）

例(84)中,有多组先行语和照应语,第一组是"民兵小分队"和"这个组织",是名词性短语和代词短语,分别在宾语和定语位置;第二组是"这些各村集中起来的'二杆子'后生"和"他们",都在主语位置;第三组是"农村扩大了……'母老虎'"这部分和"这些人",分别是介词"把"的宾语和兼语。"接受劳教"是谓词性成分,是谓语,后续"被劳教（的人）"是定语。所以只要有同指关系,各个句法位置都可能实现衔接。

2.4　语体与衔接方式的选择性差异

胡壮麟(1995:51—52)在讨论不同类型的指称的差异时提到,不同的社会指称,具有衔接作用。语篇指称一般不用于叙事和描写,主要用于评价、推理。说明不同的指称方式,其衔接功能可能不一样。如:

(85) ① 根民现在已成了石圪节公社副主任。② 一身干净的深蓝制服,头发稍稍背梳起来,看起来已经蛮像个公社领导了。③ 这人性格随和,但脑子利索,在石圪节上高小时就是班上的生活干事,做什么事都很认真。（路遥《平凡的世界》）

例(85)中,先行语是专有名词"根民",句子③如果用代词衔接的话,可以选择"他"来指示,但是语篇中选择了代词短语"这人",在实现了衔接的同时,还表明了这个句子主要表达言者的主观评价。

实际上,语体的衔接方式具有一定的选择性。如例(85)中,句子①是叙事,句子②是描写,如果补出描写的对象,只能是"他"。句子③如果选择"他"代替"这人",语篇仍然是连贯的,不过内容从评价变成了介绍。

关于语体对语篇衔接方式选择性的影响,一直有学者关注。如朱庆祥(2019)基于语体的特征,研究小句间的依存性等问题,实际上也涉及语篇的衔接。朱文借鉴"去句化"理论,总结影响小句依存性的七要素。这里的"去句化"实际上就是增加了小句的依赖性,增强了衔接性。这一研究主要从小句内部进行。

姚双云(2007:39)认为从语体角度研究关联标记是一种新的视角,并进行了关联标记的语体差异性研究。在具体形式方面,根据对 28 万余字法律条文的调查,统计出"或者"作为关联标记总共出现 1 647 次,而用"或"来关联句子的情形仅有 1 例,由此揭示出在法律语体中用"或者"与"或"的差异(姚双云,2017:27)。

乐明(2019)基于修辞结构数据库对篇章衔接标记进行了研究,主要讨论了连接词、指代词、语气词、标点符号等的功能,并以财经评论类语料库为代表,具体分析了"但"与"但是"、"这"与"那"、"吗"与"?"等的使用情况。

陈禹(2019)提到,说明类语体多是以事物、情况与道理为话题,第三人称的表述占据着压倒性的地位。另外,说明类语体要对某个话题进行说明,绝大多数情况是已然造就的结果或已经形成的状态,阐述这些结果与状态的来龙去脉。由于说明类语体更强调事件的状态与影响,比叙事类语体更偏爱作格结构;而由于说明类语体需要丰富事件信息,比起操作语体多配合复杂的状语。

据观察,不同语体中,无论在小句层面,还是在句子层面,所选择的衔接方式都存在着一定的差异。我们从四种语体中各选择 1 万字左右的文本,依据上面讨论的方式进行统计。结果如表 2 - 2 和表 2 - 3 所示。

表 2 - 2　不同语体中小句之间衔接方式情况表

语体类别	衔接方式									合计(个)
	依赖性衔接(个)					衔接词(个)	关系衔接(个)			
	名词+名词	名词+代词	名词+零形式	谓词性成分+代词	小计		结构衔接	认知衔接	小计	
叙事类	83	38	239	3	363	60	15	59	74	517
占比(%)	70.1(363/517)					11.6	14.3(74/517)			100
说明类	36	50	154	0	240	114	61	66	127	481
占比(%)	49.9(240/481)					23.7	26.4(127/481)			100
描写类	8	37	272	0	317	54	35	52	87	458
占比(%)	69.2(317/458)					11.8	19(87/458)			100
观点类	13	24	98	0	135	169	83	37	120	424
占比(%)	31.8(135/424)					40	28.3(120/424)			100

从表 2–2 可以看出,不同语体对小句之间衔接方式的选择存在着一定差异,从优先角度看,叙事类语体、描写类语体、说明类语体最主要的衔接方式是依赖性衔接,而观点类是衔接词衔接;从依赖性衔接的比例来看,叙事类和描写类语体中比例最高,叙事类为 70.1%,描写类为 69.2%;在衔接词衔接方面,说明类的比例次于观点类,分别为 23.7% 和 40%;叙事和描写类都比较低,均为 11.5% 多;在关系衔接方面,比例从高到低为:观点类＞说明类＞描写类＞叙事类。在不同语体中,三大类衔接方式所占比例都呈现出差异,其中叙事类与描写类的衔接方式更为接近一些。

表 2–3　不同语体中句子之间衔接方式情况表

语体	衔接方式									合计
	依赖性衔接(个)					衔接词	关系衔接(个)			
	名词+名词	名词+代词	名词+零形式	谓词性成分+代词	小计		结构衔接	认知衔接	小计	
叙事	156	61	32	9	258	5	6	23	29	292
占比(%)	88.3(258/292)					1.7	10(29/292)			
说明	146	67	11	9	233	40	27	16	43	316
占比(%)	73.7(233/292)					12.7	13.6(43/316)			
描写	163	88	23	5	279	19	18	10	28	326
占比(%)	85.6(279/326)					5.8	8.6(28/326)			
观点	85	60	8	40	193	51	15	11	26	270
占比(%)	71.5(193/270)					18.9	9.6(26/270)			

从表 2–3 可以看出,不同语体对句子之间衔接方式的选择存在着一定差异。从优先度角度看,四类语体的最主要衔接方式都是依赖性衔接,所占比例均达 70% 以上。在衔接词衔接方面,观点类＞说明类＞描写类＞叙事类;在关系衔接方面,说明类＞叙事类＞观点类＞描写类。

从表 2–2、表 2–3 还可以看出,小句之间和句子之间的衔接方式也存在着较大的差异,比如句子之间的衔接选择依赖性衔接方式的总体比例明显高于小句,相对来说衔接词衔接的比例明显低一些,在关系衔接方面也存在着一定的数量差异。

从上面两个表格还可以看出,语体对于衔接方式的选择性有明显影响,所以从语体的角度出发,考察它们对衔接方式的选择性很有必要,这不仅可以探究到语体对具体语言方式的制约,也能够更加细致系统地了解语篇组构的具体方式。

2.5 本研究的主要内容

2.5.1 研究的主要范围

具体衔接方式及其系统性研究

主要有两个方面:一是研究具体衔接方式,把所有影响两个或以上小句连贯性的因素都看作衔接方式,比如指称、结构衔接中的重复和引述衔接,信息结构中的后附型和前附型衔接,句法位置上的主语、定语、宾语、谓语衔接,话语标记的衔接,其他词语的衔接,等等;二是研究这些衔接方式之间的关系,以及它们共同构建的系统。

衔接方式的选择性研究

主要有两个方面:一是不同语体之间的选择性研究,同样的两个以上的小句,可能选择不同的衔接方式,故基于不同语体传递的信息差异进行具体研究。二是同一大类的衔接方式存在的内部差异,比如对一个事件的指称形式就可能有多种选择,如:"你天天熬夜,是不行的。""你天天熬夜,这是不行的。""你天天熬夜,这么做是不行的。"这三个句子中,分别用零形式、代词"这"、代词短语"这么做"衔接,虽然它们的衔接方式都与指称相关,但具体的形式不同。选择哪一个?为什么选择这个?也在研究的范围内。

2.5.2 研究的主要对象

胡壮麟(1994)在讨论衔接和连贯时,首先讨论了语篇的及物性,即反映主客观世界的能力。语篇都可以与外部世界关联,达成交际的目的,这是语篇的外部衔接;两个或以上的小句,以及句子与句子之间,常常需要使用一定的衔接方式才能进入具体的语境,这是语篇的内部衔接。后者是本书研究的主要内容。本书基于不同的语体,重点研究两个层次的衔接方式。

两个或以上的小句之间的衔接方式研究。

由于传递的信息不同,同样的基础小句可能选择不同的衔接方式。另外,从小句间的距离来看,可能是前后两个小句之间的衔接,也可能是两个小句中间插入一个及以上小句的衔接。它们的衔接方式存在着差异。

两个或以上的句子之间的衔接方式研究。

由于传递信息的需求不同,两个句子也可能选择不同的方式衔接。

当然,还涉及两个或以上语段之间的衔接方式研究。一般情况下,多数语段包括两个或以上的句子,两个语段之间的衔接,与小句之间或句子之间的衔接不是一个层次,衔接方式也存在差异。本书主要研究第一和第二层次,即小句与小句、句子与句子之间的衔接,语段之间的衔接必要时略有涉及。

2.6　其他一些相关问题

2.6.1　关于小句、句子和语篇

关于小句界定。在研究过程中,一般将至少有一个动词性或形容词性成分的内容看作一个小句。一个小句,可能是主谓结构齐全的,也可能是不齐全的,即有些没有显性主语的谓词性结构也可以看作一个小句。

关于句子的界定。在书面语篇中,一般基于标点符号来界定对象是不是一个句子。一般情况下,将前后均有句号或问号或感叹号等的对象看作一个句子。

由此可知,一个句子可能是一个小句,也可能是多个小句。当一个句子只有一个小句的时候,不属于我们的研究对象。当一个句子由几个小句构成而成时,它既是句子,也是语篇。两个或以上小句或句子构成成的,能传递独立信息的语言单位,都看作语篇。它们三者之间的关系大体为:语篇⩾句子⩾小句。

2.6.2　语料库主要来源

本书的汉语语料主要来源于北京大学 CCL 语料库和北京语言大学 BCC 语料库,能够查明具体来源的,标明具体出处,没有查明具体来源的,则标注北京大学 CCL 语料库和北京语言大学 BCC 语料库。还有部分语料来源于学科网(https://www.zxxk.com/)的初中和高中语文的现代文阅读材料来源标记为"学科网"。对于能够明确查明来源的,直接标注原文信息。

　　本书所涉及的中介语语料库主要来源于北京语言大学 HSK 中介语语料库,还有部分是作者个人收集的 50 万字留学生作文等,文中标注为"自建中介语语料库"。文中提到的"自建儿童书面语语料库",为作者个人收集的从一年级到九年级的 100 万字学生书面作文。

2.6.3　关于选择的衔接词

　　在现代汉语中,具有衔接功能的词包括话语标记、连词、部分副词等。为控制考察的范围,虽然前面章节的部分例子中,衔接词与所辖小句中间没有停顿(书面语中表现为没有标点符号),但在本书的讨论中,主要选择后有标点符号隔开的衔接词案例,一般不考察具有衔接功能但后面没有停顿的用法。

2.6.4　关于研究结论的性质

　　由于本书的研究对象是语篇,而影响语篇组构的因素非常复杂,单从一个视角出发的研究可能无法得出"是"或"不是"的定性结论,更可能是一些倾向性的结论。

依赖性衔接方式的
选择性研究

第三章 叙事类语体中衔接方式的选择性研究

照应是一个回指某个以前说过的单位或意义的语言学单位(胡壮麟, 1994:48)。韩礼德和哈桑(1976)认为照应性"具体地教授人们从某个方向回收为解释有关段落所需的信息"。照应包括复指(上指)和下指(沈家煊译, 2002:101)。具体地说,在语篇中一个语言成分做另一个语言成分的参考点,二者可以互相解释,这种关系就叫"照应"。其中,先出现的语言成分叫"先行语",后出现的语言成分叫"照应语",也叫"先行词"或者"照应词"。考虑到先行形式和照应形式既可以是词,也可以是短语,因此本书中我们通称为"先行语"和"照应语"。

在各种语体中,都会运用"照应"这个方式实现语篇的衔接。当然,语体不同,照应的方式和频率可能有差异。

3.1 叙事类语体中的照应

从语篇组构情况看,叙事语篇的照应主要有以下几种情况。

3.1.1 先行语是专有名词

3.1.1.1 先行语是专有名词,照应语也是专有名词

(1) 小丽还在娘肚子里时,父亲就因公去世了。小丽妈妈一个人辛辛苦苦把小丽拉扯大。(学科网《摔不起》)

(2) 肖眉终于进了《文学天地》杂志社。肖眉在这样的情况下答应了周建设的求婚。(莫言、阎连科《良心作证》)

例(1)是一个叙事语篇的开头部分,"小丽"是一个专有名词,第二个句子中的第一个"小丽"照应前句的"小丽"。例(2)中,第一个句子中"肖眉"是专名,第二个句子中用"肖眉"进行照应。这类用法主要出现在两个句子之间的衔接。

3.1.1.2　先行语是专有名词,照应语是代词(短语)

(3) 李贤东正谋划着出来创业,他不动声色要了张生的联系方式,加了微信。①(学科网《你怎么丢下我们不管》)

(4) 当贤东在外混得风生水起,家里人都为他高兴,以他为骄傲。(学科网《你怎么丢下我们不管》)

例(3)中,先行语是专名"李贤东",后一小句中用"他"照应;例(4)中,先行语是"贤东",后两个小句中的"他"照应这个专名。

3.1.1.3　先行语是专有名词,照应语是零形式

(5) 老谢收拾完厨房,∅ 回到房屋。∅ 看见母亲从轮椅上站起来,正准备爬上凳子站桌上面拿糖果吃……(佚名《挂起来的记忆》)

(6) 李贤东一直处于重症监护室一级护理。大约一个星期,∅ 病情算是稳定下来。(学科网《你怎么丢下我们不管》)

例(5)中,先行语是"老谢",后续小句中"回到""看见"的主语都是"老谢";例(6)中,先行语是"李贤东","病情"的定语也是这个专名。零形式照应语主要用于句子内部,句子之间的衔接有时也选择这一形式,此情况下零形式一般在小句的主语[如例(5)]或主语的定语位置[如例(6)"李贤东的病情"]。

3.1.2　先行语是普通名词

3.1.2.1　先行语是普通名词,照应语是普通名词

(7) 当校长陪着他走进来,学术报告厅立刻响起了热烈的掌声。校长抬起双手,示意大家停止鼓掌,保持安静。(学科网《你怎么丢下我们不管》)

(8) 贤东曾经跟大伯聊天谈心,谈了谈自己的难处,希望家里人除了至亲,其他人的事,尽量不要揽。大伯理解地点点头。(学科网《你怎么丢下我们不管》)

例(7)中,先行语是一个普通名词"校长",后句中的照应语也是普通名词

---

① 我们在考察先行语与照应语的具体用法时,主要讨论我们关注的内容,例句中其他与我们本节讨论内容无直接关系的,一般不涉及。如例(3)的第三个小句中"加了微信"的主语没有出现,是零形式作为照应语,先行语是"他",但第三小句我们在此处不讨论。另外,先行语和照应语在小句和句子层面都存在,而且机制也一样,讨论过程中不区分小句的衔接或句子的衔接。

"校长";例(8)中,先行语是"大伯",后一个句子中的照应语"大伯"也是普通名词。

3.1.2.2　先行语是普通名词,照应语是代词①

(9) 薯片和牛肉干是<u>儿子</u>所喜欢的,<u>他</u>百吃不厌,经常藏起来,或抱在怀里。(学科网《我也是偶然称为你父亲》)

(10) 这时,<u>一个妇女</u>抱着一个孩子跑到了桃石洞,村子里的人很不情愿地叫<u>她</u>进来。(学科网《桃石洞与沙石洞》)

例(9)中,先行语是"儿子",后一个句子中用"他"照应;例(10)中,先行语是"一个妇女",照应语是"她"。

3.1.2.3　先行语是普通名词,照应语是零形式

(11) <u>那个小书店的老板</u>,是一个60多岁的老者。Ø 长得又高又瘦,Ø 鼻梁上架着一副大大的黑框眼镜。(矫友田《像水晶一样的心愿》)

(12) 在回来的路上,草窝里蹿出<u>一只蝗虫</u>,Ø 飞得老高,Ø 把我们吓了一跳。(李亮《郭先生》)

例(11)中,先行语是"(那个小书店的)老板",后续小句和句子的主语都是零形式照应语,所指均为这个"老板";例(12)中,先行语是"(一只)蝗虫",后续两个小句的主语都是零形式照应语,所依赖的都是前文的"蝗虫"。

3.1.3　先行语是代词

3.1.3.1　先行语是代词,照应语是代词

(13) 梅对<u>他</u>这种歇斯底里的行为十分不满,全网拉黑了<u>他</u>。<u>他</u>无法再用电话、微信、抖音和梅联系。(学科网《财神》)

(14) <u>他</u>一个人走出医院大门。一行骑着自行车的年轻人从<u>他</u>面前一晃而过,充满生命的活力。<u>他</u>心里有了自己的主意。(学科网《出发吧,自行车》)

---

① 在具体语篇中,存在这样的例子:"这个初冬一个周末的早晨,我被一串急促的电话铃声叫醒,满心无奈地接受了<u>一个事实</u>,那就是<u>我不得不放弃温暖的被窝去公司加班,完成一张本该下周三才交差的图纸</u>。"(王玉昆《暖暖的雨》)例中,"一个事实"是一个名词性短语,是先行语。"那"是照应语,其所在句子中的画线部分与先行语和照应语所指相同,但"那"与画线部分在一个小句内,不涉及衔接问题。所以不属于先有名词性先行语,后有谓词性照应语实现语篇衔接的用法。

例(13)中,先行语是"他",后续小句或句子中"他"是照应语,都是人称代词;例(14)中,先行语"他",后句中的"(从)他"与之同指,是照应语。

3.1.3.2 先行语是代词,照应语是零形式

(15) 他舒畅地躺在床上,Ø 手脚伸开,Ø 睡意猛袭过来,Ø 很快就睡着了。(鲁小莫《爱中有朵小浪花》)

(16) 他拍着我的肩膀,Ø 主动和我打招呼,Ø 瞬间化解了我的尴尬。(贺平安《一句话的魔力》)

例(15)、例(16)中,先行语都是"他",后面几个小句的主语都是零形式,所指相同。

3.1.3.3 先行语是代词,照应语是名词

(17) 因为一次医疗事故,他在四个月大时成了聋儿,在母亲竭尽全力的教导下,他终于理解了每个事物都有自己的名字,并慢慢学会开口说话,普通话说得甚至比一般孩子还标准。

> ......

> 他就是梁小昆,曾多次参加专题电视节目制作,是电影《漂亮妈妈》中郑大的原型。(学科网《请你记得歌唱》)

在这个语篇中,在"梁小昆"出现之前,其所指均用"他"表示。这类用法一般不直接表示衔接,需要其他方式来帮助明确其所指相同(本语篇中用"他就是梁小昆")。还有一种介绍的方式,如:

(18) 漫漫石板路上刻着①她坚实的脚印,峭壁岩石上留下②她疾走的身影,一个普通的女人,用生命的"扁担",挑起生活的"大山",③她就是安徽休宁齐云山下"女挑夫"汪美红。(学科网《挑山女人》)

例(18)中,出现了两个"她",又出现了名词性短语"一个普通的女人",最后是"她就是安徽休宁齐云山下'女挑夫'汪美红"。从衔接的角度看,第三个"她"是"一个普通的女人"的照应语,因为如果前两个小句不出现,这仍然是一个完整的语篇。在这个语篇中,最后一个小句中的"她"同时也是前面两个小句中"她"的照应语,从而实现了整个语篇的衔接。这个语篇中虽然"一个普通的女人"与"她"所指相同,但不能看作前面两个先行语"她"的照应语,因为其在语篇中具有独立性。最后一个小句中的"她"和专名"汪美红"不具有衔接两个小句的功能,不属于语篇的衔接方式。

3.1.4　先行语是谓词性成分

先行语是谓词性成分,照应语可以是普通名词或者代词(短语)。

3.1.4.1　先行语是谓词性成分,照应语是代词(短语)

(19) 妻子在家,精心培育孩子,一直把女儿送入武汉大学。一家人为此庆祝了好长时间。(学科网《你怎么丢下我们不管》)

(20) 他扑通一声跳进水里,这才大喘了一口气。(申平《河流》)

例(19)中,先行语是"把女儿送入武汉大学",照应语是代词"此";例(20)中,先行语是动词短语"扑通一声跳进水里",照应语是代词"这"。有的时候,照应语是代词短语。如:

(21) 老谢收拾完厨房,回到房屋。看见母亲从轮椅上站起来,正准备爬上凳子站桌上面拿糖果吃,这情景是那么的熟悉。(学科网《挂起来的记忆》)

(22) 从大儿子当了兵那年开始,只要听到枪炮声她就心痛、呻吟、打嗝不止,只有跪在观音菩萨的瓷像前高声念佛,这些症状①才能暂时地得到控制。(莫言《儿子的敌人》)

例(21)中,"看见"的辖域是画线的两个小句,"这情景"是代词短语,指示前面这两个小句的内容;例(22)中,"这些症状"是代词短语,指示前文中的"就"所引出的部分"心痛、呻吟、打嗝不止"。还有的用法中,代词短语是"这么—动词"形式,也可以看作照应语。如:

(23) 刘一水着凉生病了。刘一水的家长就闹到了油麻地小学,就闹到了桑乔家。这么一闹,就把事情闹大了,事情一闹大了,事情也就好收拾了。(曹文轩《草房子》)

例(23)中的代词短语"这么一闹",其先行语是"闹到了桑乔家"。这里的"这么一闹"也可以表达为"这一闹",但表达的意思有所区别。"这么"凸显了过程性。

3.1.4.2　先行语是谓词性成分,照应语是零形式

(24) 小黑竟然窜上了领奖台,前爪搭在明明身上,用舌头舔他的手,∅逗

---

①　在衔接过程中,有些形式是"代词 + 名词",对于这一用法,有学者看作代词短语,有学者看作名词短语。在我们的讨论中,所有含代词的短语都看作代词短语。

得全场一片大笑。(路遥《平凡的世界》)

例(24)中,画线部分说的是"小黑"的表现,最后一个小句中"逗得全场一片大笑"指的是这一系列行为,所以其前的零形式的先行语是这三个小句。

3.1.5 小句与句子衔接方式的选择性差异

从我们统计的结果看,小句和句子在选择依赖性衔接方式的时候,照应语的情况也存在差异,具体见表3-1。

表3-1 叙事类语体中小句和句子衔接方式的选择性差异

衔接方式	名词(个)	占比(%)	代名词(个)	占比(%)	零形式(个)	占比(%)	代谓词(个)	占比(%)
小句	83	22.9	38	10.5	239	65.8	3	8
句子	156	60.5	61	23.6	32	12.4	9	3.5

从表3-1可以看出,在小句层面,不同照应语的出现频率高低为:零形式>名词>代名词>代谓词;而在句子层面为:名词>代名词>零形式>代谓词。由此可见,在小句层面,零形式作为照应语是最主要的衔接方式,而在句子层面,名词作为照应语是最主要的衔接方式。

3.2 叙事类语体衔接方式的句法考察

从依赖性的角度看,只要两个小句或者句子中的某一个成分存在着解释和被解释的关系,它们之间就存在着衔接关系。从句法角度看,这种依赖关系存在多种形式,主要有以下几种。

3.2.1 先行语是主语,照应语是主语

(25) 最近,<u>老刘</u>老是感觉右胸刺痛,∅ 能忍。(学科网《出发吧,自行车》)

(26) 老伴去世后<u>他</u>一个人住在老屋,∅ 平常清早去附近河边走走锻炼锻炼,∅ 与老友下下棋,∅ 顺道去菜市场买菜自己做饭。(学科网《出发吧,自行车》)

例(25)中,先行语是专有名词"老刘",是所在小句的主语,照应语是零形

式,应该出现在后一小句的主语位置;例(26)中,先行语是代词"他",是所在小句主要动词"住"的主语,后续三个小句中的照应语都是零形式,也都应该在所在小句的主语位置。

3.2.2　先行语是主语,照应语是定语

(27) <u>老兵</u>说,还有几天,我就要脱军装了。<u>老兵</u>的话很轻,却有穿透心的力量。(学科网《老兵和新兵》)

(28) <u>她</u>抬头看天时,有一些细小冰凉的东西落在了 Ø 脸上。(莫言《儿子的敌人》)

例(27)中,先行语是主语"老兵",第二个句子中的照应语也是"老兵",它是所在小句的主语中心词"话"的定语;例(28)中,先行语是代词"她",是第一个小句的主语,照应语是零形式,是介词宾语"脸"的定语。

3.2.3　先行语是主语,照应语是宾语

(29) 两年后。<u>老刘</u>满面红光地回来了,带着一些风尘。儿子拉着<u>老刘</u>去医院检查,肺部 CT 检查结果正常,两年前的肺部阴影居然不见了!(学科网《出发吧,自行车》)

(30) 这天夜里,李叔的羊圈里又传来咩咩的羊叫声,<u>李婶</u>要出门去看,李叔制止了<u>她</u>并给她使个眼色,李婶顿时明白了,两口子接着睡觉。(学科网《李叔断案》)

例(29)中,先行语是"老刘",第二个句子中的第一个小句的"老刘"是照应语,是这个小句中"拉"的宾语。例(30)中,第二个小句中的先行语是"李婶",是所在句子的主语;第三个小句中的"她"是其照应语,是"制止"的宾语。

3.2.4　先行语是宾语,照应语是主语

(31) 打开衣柜,衣柜里整整齐齐地折叠着<u>她</u>各个时段穿的毛衣,Ø 都是妈妈一针一针织成的。(学科网《摔不起》)

(32) 有一天村子里来了个<u>商人</u>,Ø 说是收益母草,让妇女们把益母草割回来晒干,商贩过来收。(学科网《李叔断案》)

　　例(31)中,先行语是"她各个时段穿的毛衣",是"折叠"的宾语;照应语是零形式,是后一小句的主语。例(32)中,先行语是存现句中的宾语"商人",后小句中的"说"的主语是零形式,所指也为"商人"。

3.2.5　先行语是宾语,照应语是定语

(33) 他打开箱子,只看了一眼,已怔住。箱子里的女人实在太美,美得就像是一朵春睡中的海棠。(古龙《绣花大盗》)

(34) 在我们院子外小街拐弯的街边,有一副剃头担子,摊主似乎是一个四十岁左右的乡下人。(学科网《街边剃头匠》)

　　例(33)中,第一个小句中的先行语是"箱子",是"打开"的宾语;第二个句子中的照应语是"箱子","箱子"与"里"组合,是中心词"女人"的定语;例(34)中,"剃头担子"是先行语,是"有"的宾语;照应语为非同形的"摊","摊"是所在小句的主语"摊主"的定语。

3.2.6　先行语是宾语,照应语是宾语

(35) 听了老伴的一席话,老梁头儿自语道:是这个理啊! 于是,将欠条放在烟灰缸里面,用打火机点着了Ø。(佚名《欠条》)

(36) 他不能用自己的肩膀为女儿挣几件新衣裳,买两枝花,却只能由女儿用一双手养活自己了。(汪曾祺《捡破烂的老头》)

　　例(35)中,先行语"欠条"是"将"的宾语,照应语是零形式,在语义上是"点着"的宾语,如果在句法上显性补出来也只能在这个位置。例(36)先行语"女儿"是介词"为"的宾语,照应语"女儿"是介词"由"的宾语。在这个例句中,衔接主要是"他"的照应语实现的(后两个小句中都是零形式),但两个"女儿"先后出现,也是先行语和照应语,也承担部分衔接功能。这类用法,在汉语语篇中出现频率较低。

3.2.7　先行语是定语,照应语是主语

(37) 周建设的脸上一扫近日的阴霾之气,他恭敬地向于部长点点头,大踏步走了。(莫言、阎连科《良心作证》)

(38) 周建设的眼圈有些发红,他往两个茶杯里各倒了半杯水,递给马光

明一个,二人没有说话,重重地碰了一下杯子。(莫言、阎连科《良心作证》)

例(37)中,先行语"周建设"是主语中心词"脸(上)"的定语,照应语"他"是后一小句的主语;例(38)中,先行语"周建设"是主语中心词"眼圈"的定语,照应语是后一小句中的主语"他"。

3.2.8　先行语是定语,照应语是宾语

(39)她尽管心如刀绞,但还没到丧失理智的程度。她觉得<u>女卫生员</u>的说辞通情达理,没有理由不听从 Ø。(莫言《儿子的敌人》)

例(39)中,先行语"女卫生员"是"说辞"的定语,照应语是零形式,语义上是"听从"的宾语,句法上补出来是"没有理由不听从女卫生员"。这类用法,出现的频率也很低。

3.3　叙事类语体中与衔接方式相关的几个问题

3.3.1　专名和代词前的谓词性定语不影响它们的指称性

名词性成分的解读具有依赖性,就具有了衔接性,而依赖的方向,与所指的信息量大小有关。在实际的叙事语篇中,无论是专名还是普通名词,甚至代词等,都有可能不是一个名词,而是一个短语。定语成分可能是名词性的,也可能是谓词性的。朱德熙(1956)提出限定性定语和描写性定语,刘月华(1989)、房玉清(2001)、陆丙甫(2003)、石定栩(2010)、贺阳(2013)都进一步进行了讨论。限定性是指具有区别性功能,而描写性指增加了其他方面的信息。在语篇组构过程中,具有衔接功能的名词性成分,有可能是"谓词性成分＋的＋专有名词""谓词性成分＋的＋人称代词"等,即它们有定语成分,但是这些定语都是描写性的。下面看看谓词性定语与衔接的关系。

3.3.1.1　"谓词性定语＋专有名词"作为照应语实现的衔接

(40)像被施以某种魔法,钢铁穿过房间,脚步沉重地径直来到<u>身着红礼</u>

服、显得异常庄重美丽的肖眉面前。（莫言、阎连科《良心作证》）

（41）此时身材高挑、气质优雅的肖眉身穿一袭大红镂花礼服，若有所思地站在露台栏杆前，遥望着远处的山峦。（莫言、阎连科《良心作证》）

（42）钢铁说完这些向大家鞠了一个躬，回头看一眼还愣在那里、如在梦中的肖眉，转身走出大门。（莫言、阎连科《良心作证》）

（43）从小就梦想着成为一个作家的肖眉，曾找过钢铁，想让他的母亲给省文联主席打个电话，帮她调到《文学天地》去做一名小说编辑。（莫言、阎连科《良心作证》）

例（40）—（43）中，实现衔接的方式都是专名"肖眉"与上文（指原文中例句之前的语篇）中的专名"肖眉"衔接，它们具有不同的谓词性定语，但是由于专有名词的所指确定，所以以上这些定语在功能上都只能是描写性的，不能是限定性的。因为在这个故事中，"肖眉"所指是唯一的，其定语没有限定性功能，没有增加专有名词的指称性信息量。这类定语，主要为事件的走向提供一些背景性信息，有些是为了降低定语所传递信息在语篇中的地位，进行句法降级操作的结果。

3.3.1.2 　"谓词性定语＋代词"作为照应语实现的衔接

（44）踏上归途，山阳双脚沉重，似挂上了重物。怪了，原本对山林了如指掌的他，发现山路忽然变得错综复杂，无法判断是哪条路通往山下。（李海庆《迷途的山阳》）

（45）1980年春天，阔别三个月的他挑着担子回来了，开了村上的第一间"医馆"。（学科网《在明明德》）

（46）想到这些，忍无可忍的他大声呼唤了一声母亲，被惊醒的母亲有些不好意思地笑了笑。（清山《门缝里的风景》）

例（44）—（46）中，人称代词"他"的解读都依赖于前文，它们的定语都是谓词性成分，如果去掉，不影响语篇的衔接性。换句话说，这些谓词性定语不增加代词的指称性信息量。这里的谓词性定语也是语篇操作的一种方式，通过句法手段将它们进行句法降级，既提供了相关信息，又降低了信息强度。这些用法中，是其他规则影响了信息处理方式，与衔接无直接关系。这些专名或代词虽然有定语，但由于这些定语不增加指称性信息量，所以不改变依赖的方向。

3.3.2　语境对名词性成分指示功能的影响

普通名词一般不能直接作为事件的主体,只有语境赋予有指、定指的功能,其才能成为事件的主体。普通名词作为先行语时,通常是具体语境赋予其专有名词的指示功能。如:

(47) 传说<u>水鬼</u>在阴间的地位是很低的,除非找到一个活人,拉进水里做他的替身,不然就得永远待在冰冷的水里,不能重新投胎做人。台湾嘉义红毛埤附近的河里,就住了一个始终找不到替身的<u>水鬼</u>,大概是这儿太偏僻,很少有人经过的缘故吧。只有一个渔夫,倒是常在河里捕鱼,但是他太机警了,所以<u>水鬼</u>一直没法子下手。(汉声出版社《水鬼》)

例(47)中,共出现了三个普通名词"水鬼",第一处水鬼是类指的,谓语表示属性,不表示事件;第二处"水鬼"是具体事件句中的水鬼,其前必须有"一个",这里的"水鬼"前有具体的空间信息,是引入的一个事件主体,是有指、定指的,第三处"水鬼"与第二处"水鬼"同指,它们实现了衔接。在这个语篇中,具体语境赋予了第二处"水鬼"定指的特征,使之可以成为事件的主体,与它同指的语言成分共同实现衔接。在一些篇幅较小的叙事类语体中,这类用法比较常见。如:

(48) 大霸尖山是一座非常雄伟秀丽的高山,山上有许许多多的动物。离开山顶不远的地方,住着一只<u>山猫</u>和一只<u>穿山甲</u>。<u>山猫</u>长着一身金黄色,闪闪发亮的长毛,真是美丽极了。(汉声出版社《山猫与穿山甲》)

例(48)中,"山猫"也是一个普通名词,但是在这个故事中,是与"穿山甲"相对的另一方,在具体的时空中具有唯一性,所以没有给他取专名,整个故事中都用"山猫"指称,其指称性与专有名词相当。由此可见,具体语境可能会影响相关名词性成分的指称性强弱。有的语篇中,除普通名词外,代词也可能直接具有定指的功能。如:

(49) <u>她</u>很胖,胖到所有人都觉得不会有人娶她。<u>他</u>很瘦,却鬼使神差般娶了<u>她</u>。结婚那夜,<u>她</u>在<u>他</u>面前宽衣,随着衣服脱落的,还有一层肉皮。其实<u>她</u>是个美人,只因厌倦人们对外貌的严苛,于是费尽心机想找个能容忍<u>她</u>丑陋的人托付终身。<u>他</u>得知真相之后愤然离去,<u>他</u>

不过是想娶个外貌丑陋且没有心机的女子。(https://m.weibo.cn/u/3163608570 网络典微故事)

例(49)是一篇网络小小说,文中只有两个人物,由于篇幅短、时空受限,所以就直接用"她"和"他"来指示这两个人物,在这个具体时空中,这两个人称代词具有专有名词的指示功能。

3.3.3 语篇中指同方式及选择性影响因素

3.3.3.1 语篇中的指同表达式

在语篇组构过程中,指同的语言成分可以实现衔接,指同可以是相同的形式,也可以是不同的形式。

所谓指同,廖秋忠(1986)界定为:"当某一个或一类人、事、物、状态、行为,或者某一时间或地点在某个地方再现时,作者/说者可以用相同或不同的语言表达式来表示它们的所指是相同的。"他指出,汉语中常常用以下几种表达式来表示指同:A. 同形表达式;B. 局部同形表达式;C. 异形表达式,包括同义词、统称词、指代词、零形式或省略式。本小节主要讨论与名词性成分相关的衔接成分,不讨论指代词和零形式或省略式。

第一,同形表达式的用法。如:

(50) 他看见镇长时,已经走过一大半卵石了,镇长就在卵石后头站着。(陈世旭《镇长之死》)

(51) 过了桥,他本来打算侧着脸从镇长身边擦过的,镇长却喊住了他。(陈世旭《镇长之死》)

(52) 他不愿巧云去挑扁担,巧云从十四岁就学会结渔网和打芦席。(汪曾祺《大淖记事》)

例(50)中,前一个"镇长"在做定语的动宾短语的宾语位置,后一个"镇长"在主语位置;例(51)中,前一个"镇长"是做状语的介词短语的介词宾语,后一个"镇长"在主语位置;例(52)中,前一个"巧云"在宾语小句的主语位置,后一个"巧云"在主语位置。以上衔接成分所指相同,语言形式也相同。

第二,局部同形表达式的用法,即所指相同,但使用的形式不相同。主要有两种情况。

其一,前面是总括性的情况,即"总",后面是其中的一部分,即"分"。如:

(53) 天快黑的时候,进山寻野菜的孩子们也都回村了,大的拉着小的,小的扯着更小的。(史铁生《我的遥远的清平湾》)

例(53)中,前面是总括性的"进山寻野菜的孩子们",后面"大的""小的"是他们中的一部分。有的时候,虽然中心成分相同,但前面出现时有定语,后面出现的只是光杆名词。如:

(54) 他七岁那年,他当和尚的舅舅回家,他爹、他娘就和舅舅商议,决定叫他当和尚。(汪曾祺《受戒》)

(55) 叫声使刚从纺织厂下班回家的锦红难以入睡,锦红烦躁地拍打着床板说,别叫了,让我睡上一会。(苏童《刺青时代》)

例(54)中,衔接的成分是"他当和尚的舅舅"和"舅舅";例(55)中,前面是"刚从纺织厂下班回家的锦红",后句是"锦红",虽然不完全一样,但由于中心成分一样,也可以看作同形。这类用法可以看作局部同形。

其二,前面是"分",后面是"总",前面是后面的一部分。如:

(56) 临沂市中院表示,根据有关法律规定,法院充分听取了张志超及其委托代理律师的意见,双方进行多次协商,就赔偿相关事项达成一致,该院依法作出赔偿决定。(澎湃新闻 2021 - 1 - 26《张志超申请国家赔偿案审结》)

(57) 锦红背着弟弟小拐,秋红边跑边用木梳梳着头发,姐弟三人也汇聚在街上的人流里朝北涌动,他们不知道石灰厂到底发生了什么事。(苏童《刺青时代》)

例(56)中,前句提到的"张超及其委托代理律师"是后句"双方"中的一方,前分后总;例(57)中,前句提到"锦红""弟弟小拐""秋红",共同构成后句中的"姐弟三人"。

第三,形式不同,但在意义上是关联的,可看作"相关式"。如:

(58) ① 右手的食指插在纺车木把上的洞孔里,② 那洞孔已经被经年累月的转动磨得浑圆油亮,③ 她摇着木把,④ 车轴带着那风车般的轮子缓缓地转动。(北京大学 CCL 语料库)

(59) 邵宽城是个眉清目秀的帅哥,大学毕业一年半了,模样还如中学生一样单纯稚嫩。(海岩《长安盗》)

例(58)中,小句③中的"她"与第一小句中"右手的食指"衔接,"食指"是

"她"的一个器官,小句④中的"车轴"与"木把"是语义相关的,"木把"可以使"车轴"转动;例(59)中,"模样"是"邵宽城"的。它们都属于相关性衔接,所指主体都是同一个,可以看作指同成分实现的衔接。

3.3.3.2　语篇中指同表达式选择的影响因素

第一,视角不同的指示语。视角不同,选择的指称语就可能有差别。如:

(60) 那<u>年轻人</u>的得奖小说里写到的镇政府当时叫镇革委会——听说有些读者曾就此提出质疑,说<u>作者</u>违背了历史的真实。(陈世旭《镇长之死》)

(61) <u>男孩小拐</u>出生三个月后就不吃奶了,多年以后王德基回忆<u>儿子</u>的成长,他竟然不记得自己是怎么把<u>小拐</u>喂大的。(苏童《刺青时代》)

(62) <u>妇女主任</u>自然在镇上待不往,回城去找了个<u>工人</u>下嫁,随后就调去了<u>丈夫</u>的那个烧砖瓦的工厂。(陈世旭《镇长之死》)

例(60)中,前面提到的是"年轻人",因为其中心语是"得奖小说",很容易与后文中的"作者"关联起来,实现衔接,这是视角不同的称呼语。例(61)中,前句中是"男孩小拐",后文是"儿子",前句是第三方视角,后者是事件主体(父亲王德基)的视角;例(62)中,"工人"和"丈夫"同指,显示叙事视角变化,前句表明客观身份,后句转到了家庭视角。

第二,上下位的指示语。主要是指示语的层次可以不同,依据陈述的事件,选择不同层次的指示语。如:

(63) <u>俄罗斯男人</u>常吹嘘自己有几个几个情人。<u>瓦洛加</u>也常吹,我过去不信,现在才铁证如山。(北京大学 CCL 语料库)

例(63)中,"俄罗斯男人"是总称,"瓦洛加"是其中之一,它们具有上下位关系。

第三,范围大小不同的指示语。依据事件的范围,可能选择有一定的关系但所指范围又不同的指示语。如:

(64) 白发人把<u>他们</u>带到老人面前,<u>林涛</u>将手中的皮箱放在老人脚下。(海岩《长安盗》)

(65) 一些客人听见了带哭的喊声,方才知道腰下挤着<u>个孩子</u>;留心一看,见他们<u>四个人</u>一串,手联手牵着。(叶圣陶《潘先生在难中》)

例(64)中,前面的"他们",指的是一个群体,后句中的"林涛"是"他们"中的一员,范围大小不同。例(65)中,前面是"(一)个孩子",是个体,"四个人"是几个孩子合在一起的总的情况。

3.3.4　陈述视角对衔接方式选择性的具体影响

上一节提到,视角不同,选择的衔接方式可能不同,具体体现为选择的方式有一定倾向性。在叙事过程中,按照视角不同可以分出角色,相应的语篇分别是叙述语篇和叙述者叙述语篇。叙事语篇中,角色是包含在语篇中的叙述者,叙事者常为第一人称,听话人为第二人称,第三方为第三人称;叙述者叙述语篇中,叙述者则不包含在语篇中的。实际上还有一种情况,就是叙述者借角色视角进行陈述。

第一,叙述语篇中,常常事件主体选择专有名词。如:

(66) 从小丽牙牙学语,到满地跑,小丽妈妈陪着小丽长大。

一张大学录取通知书,把母女俩相隔两地,留下来的,全是一个妈妈对孩子的思念和期待。(学科网《摔不起》)

例(66)中,事件的主体是"小丽",整个语篇是围绕着"她"展开的,多次出现"小丽"这个专有名词作为照应语。

第二,叙述者叙述语篇中,可以选择专有名词指示事件主体,也可以基于参与人的身份、地位选择对事件主体的称呼,这种情况下,通常使用普通名词指示。如:

(67) 天擦黑,儿子回来了,脚步把村前的小路踩得啪啪响,震得路边的桃花落了一地。狗,跟着就狂吠起来。

老铁倚墙而坐,眯着眼,瞅着渐行渐近的儿子,不起身,也不吭声。(肖建国《桃花流水鳜鱼肥》)

(68) 一天傍晚,儿子一回家就倒在床上,昏睡过去。妈妈一摸他的额头,哎呀,好烫!是中暑了。(汉声出版社《大甲帽与大甲席》)

例(67)中,作为叙述者,不是基于自己的身份选择称呼语,而是基于事件主体"老铁"的身份来称呼另一个事件主体,使用了"儿子"。例(68)中,用事件中的两个主体对对方的称呼作为指示语,分别是"儿子"和"妈妈"。

第三,叙述人是事件中的"我",即叙述人是事件的直接参与者,基于自己的视角选择指示语。如:

(69) 那年冬天，<u>我</u>把一盆开过花的菊，随手丢弃在屋旁，连同装它的瓦盆。（丁立梅《菊事》）

(70) 一大早，乡下突然打来电话，急促地告诉<u>我</u>，<u>大伯</u>垂危，他要见我一面。我匆匆打车赶回铜台沟。（刘泷《无名英雄》）

例(69)中，直接选择"我"作为事件的主体。例(70)中，基于我的视角，事件中的另一个角色直接将称呼语"大伯"作为指示语。

有的时候，叙述者基于表达的需要，在叙述过程中转换视角，这时选择的指示语就有变化。如：

(71) 很晚<u>丈夫</u>才回来了。<u>这年轻人</u>不过二十五六岁，头戴一顶大草帽，上身穿一件洁白的小褂，黑单裤卷过了膝盖，光着脚。<u>他</u>叫<u>水生</u>，小苇庄的游击组长，党的负责人。今天领着游击组到区上开会去来。

（孙犁《荷花淀》）

例(71)中，第一个指示语是"丈夫"。从语篇看，这个句子及前面部分都是从"女人"的视角陈述事件，前面一句话是"但是大门还没关，丈夫还没回来"，小句中"丈夫"，就是"女人的丈夫"，都是参与人视角进行的陈述。第二个句子转换成第三方视角，使用"这年轻人"指示，引发的是描写语篇。第三个句子用"他"指示"这个年轻人"，后面是说明语篇。由此可见，在叙述过程中，视角不同，选择的指示语可能不同。

3.3.5　层次性影响衔接方式的选择性

在语篇组构过程中，当一个名词性成分作为先行语出现，其第一个照应语，即第二个小句或句子的衔接方式的选择对后续小句或句子产生制约。如果出现不同的指示语，常常有标记层次的功能。如：

(72) ① 在山东老家的农村，<u>老崇</u>一直读到高中毕业。② 可家境困难，<u>他</u>最终选择外出打工谋生。③ 2004 年，<u>22 岁的他</u>只身一人来到上海，在好几家小餐馆做过配菜工，后来听了老乡建议，开始"捡瓶子"。（陈倩儿《我的大学》）

(73) <u>店主</u>是个 60 岁开外的老人，走起路来微微跛着脚，但一看就是很干净的人，也很细心，<u>他</u>把阿明的酒用开水烫好端了上来，"酒要温热了喝，不然会伤身的。"（朱成玉《敲门》）

例(72)、例(73)中,照应语均为人称代词或零形式,例(72)中,共有三个句子,衔接的方式为:"专名+他+他",第二个句子和第三个句子都是"他"衔接,三个句子是并列关系。例(73)中,照应语分别是零形式和代词。虽然在一个句子中,但"他"在这里有标记层次的功能,即"他"前是描写部分,"他"后具体陈述事件。这个"他"的位置不能随意变换(比如出现在"一看"前,而本处不出现)。还有语篇用普通名词或专名来标记层次。如:

(74) ① 路远,来一趟并不容易,<u>父亲</u>想尽可能地多收一些。② 船吃水越来越深,直到满船都是梨,<u>他</u>才停了手。③ <u>父亲</u>完全没有想到船重,回程时会很艰难。(佚名《一船冻梨逆水行》)

(75) ① 最初,我以为王老师的威信就是来自他的左手和珠算。② 后来,我慢慢发现,<u>王老师</u>门门功课都教得好,语文、数学、体育、美术,他可以一个人包办。③ 同时,<u>王老师</u>还会修雨伞,做木工,打草鞋,箍水桶,烧锡补焊。④ <u>王老师</u>有一只工具箱,那简直就是百宝箱,他想要钉子就可以掏出钉子,他想要铁皮就可以掏出铁皮,任何困难都难不住他。(池莉《不仅仅是左手》)

例(74)中,"父亲"出现了两次,分别在第一和第三个句子中,第三个句子中的"父亲"不仅有衔接功能,还有标记层次的功能。这个语篇的结构为:①②|③,其中句子①②是同一场景中的事件,句子③是回程中的情况。例(75)中,共有四个句子,都出现了"王老师"这个专名,表明这个语篇的四个句子分别说明王老师的四个方面,在没有标记词的情况下,它们是并列关系。

3.3.6　小句的前附与后附

汉语语篇中,多数情况是先行语的指称性信息量比较大,照应语的信息量相对较小,所以照应语的解读依赖于先行语。前面列举的大部分是这种形式的用法,属于前附型。但在叙事语篇中,有的时候前一个小句中的先行语是零形式,对其的解读需要依赖后续小句的同指成分。如:

(76) Ø 听了老伴的一席话,<u>老梁头儿</u>自语道:是这个理啊!(郝殿华《欠条》)

(77) Ø 听老伴这么通情达理地表扬自己,<u>老梁头</u>也扑哧一声笑了出来!(郝殿华《欠条》)

(78) 这些年,<u>Ø</u> 总在外面奔波,妻子和女儿 Ø 照顾很少,所以<u>他</u>心里总有

一丝愧疚。(学科网《你怎么丢下我们不管》)

例(76)、例(77)中,"听"这个动作的发出者为零形式,对其的解读需要在后续句中关联,即"老梁头",所以前句依附后句,属于后附型用法。例(78)中,"在外面奔波"主语为零形式,"妻子和女儿照顾很少"的主语即"照顾"的发出者,是后续句中的"他",所以也属于后附型的用法。有的时候,需要从语义上确定是前附还是后附。如:

(79) 祥子真想硬把车放下,去找个地方避一避。可是,∅ 看看浑身上下都流水,他知道一站住就会哆嗦成一团。(老舍《骆驼祥子》)

例(79)中,"看看"的主语是零形式,其与前句的"祥子"和后句的"他"同指。但在这个语篇中,有一个"可是"标记前后关系,所以其后的两个小句先组合成一个语篇,是一个后附型的用法。

3.3.7　距离远近的影响

在比较大的语篇中,常常有多个段落,一般情况下,一个名词性成分第一次出现的时候是与语境关联的,即在具体语境中体现其所指性,后续的同指成分通常都是照应语。在一个小的语篇,比如一个句子,或者一个段落中,经常会选择更经济的指示语作为照应语。一般情况下,距离先行语越远,选择的照应语指称性越强,距离越近,则其形式越简单。

从考察情况看,小句之间的衔接最主要的方式是零形式,其次是代词,最后是名词。如果无须标记层次,可以只选择零形式衔接。句子之间衔接最主要的方式是名词,其次是代词,最后是零形式。

3.4　小　　结

本章主要讨论了叙事类语体中通过照应语实现的具体情况,无论是先行语的类型还是照应语的类型,都非常复杂,句法位置也多种多样。在语篇组构过程中,专名和代词的定语不影响指称性,语境对指示功能有一定的影响,陈述视角、层次、前附后附、距离远近等都可能影响衔接方式的选择。

第四章　描写类语体中衔接方式的选择性研究

在描写类语体中,依赖性衔接方式使用频率非常高。与叙事类语体主要是事件主体或与主体相关的名词性成分作为先行语的用法不同,这类语体中的先行语主要是描写对象或与描写对象相关的名词性成分。照应语的情况,两种语体基本相同。

4.1　描写类语体中的照应

从语篇组构情况看,描写语篇的照应主要有以下几种情况。

4.1.1　先行语是专有名词

4.1.1.1　先行语是专有名词,照应语也是专有名词

(1) 毛里求斯是非洲一个岛国,Ø 位于赤道南部的西印度洋上,Ø 气候湿热多雨。毛里求斯拟修复的档案文件,Ø 形成于 18 世纪,Ø 文件纸张为破布浆机制纸,Ø 字迹材料为酸性烟黑墨水,Ø 双面手写,以手感鉴别,Ø 柔韧性极差,几乎一触即碎。(周崇润等《关于毛里求斯档案文件的去酸与修复》)

(2) 黄原河由北向南穿城而过,于几百里外注入黄河。市区在黄原河上建有二桥,连结东西两岸。(路遥《平凡的世界》)

例(1)中,第一个句子中的专有名词"毛里求斯"是先行语,第二个句子也是选择这个专有名词作为照应语,实现前后句子之间的衔接。例(2)中,前一个句子中的先行语是专有名词"黄原河",后一个句子中的专有名词"黄原河"与之照应。

4.1.1.2　先行语是专有名词,照应语是代词(短语)

(3) 有五千个席位的宴会厅,又是另一番景象。它的面积有七千平方米,比一个足球场还大,设计的精巧也是罕见的。(孙世恺《雄伟的人民大会堂》)

(4) <u>羚羊峡谷</u>属于狭缝谷,深入谷底会发现<u>它</u>如同一个美妙的艺术宫殿。
（《美妙的羚羊峡谷》,《中国国家地理》2014 年第 4 期）

例(3)中,先行语是"（人民大会堂的)宴会厅",这里是一个专有名词,后一个句子的照应语是"它";例(4)中,先行语是专有名词"羚羊峡谷",后小句中照应语是代词"它"。

4.1.1.3　先行语是专有名词,照应语是零形式

(5) <u>紫禁城</u>的城墙十米多高,Ø 有四座城门,南面午门,北面神武门,东西面东华门、西华门。（黄传惕《故宫博物院》）

(6) <u>太和殿</u>俗称金銮殿,Ø 高二十八米,Ø 面积 2 380 多平方米,Ø 是故宫最大的殿堂。（黄传惕《故宫博物院》）

例(5)中,"紫禁城"是专有名词,后一小句中"有"的主语是零形式照应语;例(6)中,先行语"太和殿"是专有名词,后面三个小句的主语都是零形式照应语。

4.1.2　先行语是普通名词

4.1.2.1　先行语是普通名词,照应语是普通名词

(7) ① 出太原西南行五十里,有一座<u>山</u>名悬瓮。② <u>山</u>上原有巨石,如瓮倒悬。③ <u>山</u>脚有泉水涌出,就是有名的晋水。（梁衡《晋祠》）

(8) <u>蝉</u>是我的邻居。一到夏天,<u>蝉</u>就占据了我屋子前面的树。（［法］法布尔《蝉》）

例(7)中,句子①中先行语是"山",句子②③中"山"是照应语,都是普通名词;例(8)中,前一个句子中的先行语"蝉"不是特定的某一只,是普通名词,后一个句子中"蝉"是照应语,也是普通名词。有的时候,照应语是普通名词时,也可能不是同形的。如:

(9) ① <u>太阳</u>才一露脸,天地间便弥漫开无形的热气,而当<u>太阳</u>如金色的轮子,轰隆隆滚动过来,直滚到人的头顶上时,天地间就仿佛变得<u>火光闪闪了</u>。② 河边的芦苇叶晒成了卷,一切植物都无法抵抗<u>这种热浪</u>的袭击,而昏昏欲睡地低下了头。③ 大路上,偶尔有人走过,都是匆匆的样子,仿佛在<u>这种阳光</u>下一旦待久了,就会被烧着似的。④ 会游泳与不会游泳的孩子,都被这<u>难忍的炎热</u>逼进了河里。因此,河上到处是喧闹声。（曹文轩《草房子》）

例(9)这个语篇前面一句话是:"眼下的夏天,是地地道道的夏天。"整个语篇主要描写的都是与太阳有关的内容,句子①中,出现了两次"太阳",句子②的第一个小句"晒"与太阳直接相关,"这种热浪"照应前面的"仿佛变得火光闪闪了";句子③中"这种阳光"是代词短语作为照应语;句子④中"难忍的炎热"照应"这种热浪"。这一语篇中,主要采用名词性指同的方式衔接,但②④句不是同形的衔接,主要是因为"热浪""难忍的炎热"等与"太阳"在一个认知域中,表达的意义是相关的,读者联想到一起,从而实现了衔接。

4.1.2.2　先行语是普通名词,照应语是代词(短语)

(10)(油麻地小学是一色的草房子。)十几幢草房子,似乎是有规则,又似乎是没有规则地连成一片。它们分别用作教室、办公室、老师的宿舍,或活动室、仓库什么的。(曹文轩《草房子》)

例(10)中,先行语是"草房子",后一个句子中的代词"它们"是照应语。

4.1.2.3　先行语是普通名词,照应语是零形式

(11)石拱桥的桥洞成弧形,Ø 就像虹。(茅以升《中国石拱桥》)

(12)河上有一只渡船,Ø 两头都拴着绳子,Ø 分别连结着两岸。(曹文轩《草房子》)

例(11)中,先行语是"石拱桥的桥洞","就像虹"的主语是零形式,所指与先行语相同,是照应语。例(12)中第一个小句的"渡船"是先行语,第二个小句中"两头"的定语是零形式,所指为"渡船",是照应语;第二个小句中"绳子"是先行语,第三个小句中的主语是零形式,所指为"绳子",是照应语。

4.1.3　先行语是代词

4.1.3.1　先行语是代词(短语),照应语是代词(短语)

(13)这座桥修建于公元 605 年左右,到现在已经一千三百多年了,还保持着原来的雄姿。到解放的时候,这座古桥又恢复了青春。(茅以升《中国石拱桥》)

例(13)中,先行语是"这座桥",第二个句子中"这座古桥"是照应语,它们都是代词短语。

4.1.3.2　先行语是代词(短语),照应语是零形式

(14)它们有的俯下身子喝水,有的侧着脑袋,Ø 欣赏自己映在水里的影

子。(董玲秋《美丽的小兴安岭》)

例(14)中,第二个小句中的"有的"是代词,作为"它们"下位的指示语与前句衔接。第三个小句中的照应语是零形式,其先行语是第二个小句中的"有的"。

4.1.4　先行语是谓词性成分

(15) 教室后面的竹林深处,躲避风雪的一群麻雀,叽叽喳喳地叫着,Ø 闹得孩子们都听不清老师讲课。(曹文轩《草房子》)

例(15)中,"闹"的主语是零形式,在语义上是指"(麻雀)叽叽喳喳地叫着"。所以零形式是照应语,谓词性成分是先行语。

4.1.5　句子与小句之间衔接方式的选择性差异

从考察情况看,小句和句子在选择依赖性衔接方式的时候,照应语的情况也存在差异。具体统计情况见表 4 - 1。

表 4 - 1　描写类语体中小句和句子衔接方式的选择性差异

衔接方式	名词(个)	占比(%)	代名词(个)	占比(%)	零形式(个)	占比(%)	代谓词(个)	占比(%)
小句	8	2.5	37	11.7	272	85.8	0	0
句子	163	58.5	88	31.5	23	8.2	5	1.8

从表 4 - 1 可以看出,小句层面各照应语出现的频率高低为:零形式>代名词>名词,而句子层面为:名词>代名词>零形式>代谓词。由此可见,两个层面最主要的衔接方式存在差异,小句层面是零形式作为照应语,而句子层面是名词作为照应语。

4.2　描写类语体中衔接方式的句法考察

4.2.1　先行语是主语,照应语是主语

(16) 那排红瓦房大概有十几间的样子,Ø 掩映在肥水充足所以茎粗叶大

的葵花林里。(莫言《酒神》)

(17) **风**吹得两岸的芦苇乱晃,Ø 吹得水起**波浪**,Ø 一下一下子拍打着河岸。(曹文轩《草房子》)

例(16)中,先行语"那排红瓦房"是主语,零形式照应语在第二个小句主语位置。例(17)中,先行语"风"是所在小句的主语,第二个小句的照应语是零形式在主语位置(第三个小句的先行语是第二个小句中的"波浪",为补语位置的动词、"起"的宾语)。

4.2.2　先行语是主语,照应语是定语

(18) ① <u>老头子</u>浑身没有多少肉,干瘦得像老了的鱼鹰。② 可是 Ø 那晒得干黑的脸,短短的花白胡子却特别精神,Ø 那一对深陷的眼睛却特别明亮。(孙犁《芦花荡》)

例(18)中,先行语"老头子"是所在小句的主语,句子②中的两个零形式都在定语位置,语义所指为"老头子",表达的意思分别是"(老头子的)那晒得干黑的脸"和"(老头子的)那一对深陷的眼睛",是定语位置上的照应语。

4.2.3　先行语是主语,照应语是宾语

(19) <u>杏烟河</u>是我俩的嬉游之地。在**那里**,你知道四季是怎么到来和退出的。(蔡东《月光下》)

例(19)中,先行语是"杏烟河",是所在小句的主语。照应语是后一句中的"那里",是介词的宾语。

4.2.4　先行语是宾语,照应语是主语

(20) ① 建筑师还领我们参观了设置在<u>大厅北面东西两角的厨房</u>。② <u>厨房</u>直通大厅两侧的回廊,开宴的时候,服务员可以从廊道进出宴席之间。(孙世恺《雄伟的人民大会堂》)

(21) ① 撑船的是一个将近六十岁的<u>老头子</u>,船是一只尖尖的小船。② <u>老头子</u>只穿一条蓝色的破旧短裤,站在船尾巴上,手里拿着一根竹篙。(孙犁《芦花荡》)

例(20)中,先行语"设置在大厅北面东西两角的厨房"是"参观"的宾语,句

子②中的照应语是"厨房",是所在小句的主语;例(21)中,先行语"将近六十岁的老头子"是所在小句的宾语,句子②中的照应语是"老头子",是所在小句的主语。

4.2.5　先行语是宾语,照应语是定语

(22) 不知从哪一天起,河上出现了一条<u>渡船</u>,<u>船主人</u>姓张,河西人,久了,人都唤他张摆渡。(叶仲建《摆渡》)

例(22)中,"渡船"是存现句的宾语,是先行语,后一小句中的"船"所指与"渡船"相同,是照应语,这个照应语是"主人"的定语。

4.2.6　先行语是定语,照应语是主语

(23) <u>蝉</u>的视觉非常灵敏,<u>它</u>有 5 只眼睛,左右和上方发生什么事情,<u>它</u>都看得见······(〔法〕法布尔《蝉》)

例(23)中,先行语"蝉",是主语"视觉"的定语,后续小句中的两个"它"是照应语,都在主语位置。

4.3　描写类型与衔接方式的选择性

描写有多种类型,比如环境或场景描写、人物(心理、肖像)描写、过程描写等。不同的描写类型,选择的衔接方式有一定的倾向性。如环境或场景描写,通常是普通名词衔接,或者名词性成分参照衔接,人物肖像描写通常是零形式衔接,表现为话题衔接,过程描写通常是时间参照衔接。

4.3.1　部件描写与衔接方式

廖秋忠(1988)讨论过部件描写,"对于一个或一群具体的东西或地方,这里统称为物体,进行描写时,经常会涉及这个物体的组成部分,即这里所说的部件"。部件描写的方式可根据描写时是否涉及移动分为静止描写与移动描写两大类。静止描写又可根据部件有无定位或定向分为组合描写与定位描写。移动描写又可根据发生移动的对象分为两类:一类是位置移动描写,另一类是视线移动描写。他所提到的描写顺序,也适用于环境或场景描写。

第一,组合描写与衔接方式。廖秋忠(1988)指出:"在组合式的部件描写里,说者/作者将物体的部件按顺序将它们罗列出来,或按顺序将各相关部件进行描写,不涉及部件的相对方位。"如:

(24) <u>西亚</u>的自然地理位置处于亚欧非三大洲的连接处,Ø 周围有阿拉伯海、红海、地中海、黑海和里海所环绕,一般称"五海三洲"之地。(《地理知识》,1987 年第 8 期)(廖秋忠,1988)

(25) <u>双塔寺内</u>有大雄宝殿、观音阁等,均为仿木结构砖刻建筑,雕工精湛。<u>寺内</u>有明代牡丹,立夏前后,群葩怒放,实为太原胜景。(《人民日报海外版》,1987 年 6 月 21 日第 8 版)(廖秋忠,1988)

例(24)中,罗列了西亚周围的海,它们是环形排列的。从衔接方式上看,照应语选择的是零形式,先行语是"西亚"。例(25)中描写了双塔寺内的情况,有两个句子,前一句子中的先行语是"双塔寺内",后句中的照应语是"寺内",照应语是先行语的部分形式,可以看作缩略语。

第二,定位描写与衔接方式。廖秋忠(1988)指出:"在定位描写时,除了部件的名称之外还有指示部件方位的词语,一般是方位词。有些部件本身就蕴含着方位,也归入这一类描写式里。"如:

(26) 院中南楼<u>南侧</u>,仅米宽的过道里,建起一排简易房,Ø 一半原先作仓库,现又出租住人。Ø 另一半是自建的住房,其厨房正建在半地下层住户的窗前。楼<u>西侧</u>,外院的住户也把自建房的后墙盖到了距我们楼窗前仅半米的地方。<u>南面遮光</u>,<u>西侧封堵</u>,Ø 使一层和半地下层的住家,终年见不到阳光,也无法正常通风换气。(《北京日报》2001 年 2 月 24 日)

(27) 太和殿后面是中和殿。<u>这</u>是一个亭子形方殿,<u>殿顶</u>把四道垂脊攒在一起,Ø <u>正中</u>安放着一个<u>大圆金宝顶</u>,Ø 轮廓非常优美。(黄传惕《故宫博物院》)

例(26)中,主要描写对象是"院中南楼",分别描写了两个方位"南侧""西侧",照应语"楼(西侧)"采用的是先行语"南楼"的缩略形式。这个照应语也可以用零形式,即"楼"不出现。在描写"南侧""西侧"的句中,主要采用零形式的衔接方式,其中最后一句的零形式所指为"南面遮光,西侧封堵",是一个谓词性成分。例(27)中,描写的是中和殿,"殿顶""正中"都是表示具体方位的,先

行语与照应语分别是"亭子形方殿"—"殿(顶)"、"亭子形方殿"—"Ø"、"大圆
金宝顶"—"Ø"。这类语篇中,零形式和普通名词缩略式是最主要的衔接方式。

第三,动态描写与衔接方式。廖秋忠(1988)指出:位置移动描写主要涉
及观察者立足点的移动,而视线移动描写主要涉及观察者视线的移动。凡是
移动描写均有显性的表示移动的词语。具体情况如下。

一是位置移动描写。如:

(28) 从天安门往里走,沿着一条笔直的大道穿过端门,就到午门的前面。
午门俗称五凤楼,是紫禁城的正门。走进午门,是一个宽广的庭院,
弯弯的金水河像一条玉带横贯东西,河上是五座精美的汉白玉石
桥。桥的北面是太和门,一对威武的铜狮守卫在门的两侧。(黄传
惕《故宫博物院》)

例(28)采用参观的方式进行描写,这类描写中空间位置的变化是衔接的
一个方式,常常按照参观的顺序描写景物,其中的依赖性体现在处所参照上,
如"大道—端门—午门—庭院—金水河—石桥—太和门—铜狮"。

二是视线移动描写。如:

(29) 城南另有一条小河向北流来,在老桥附近和黄原河交汇。小河叫小
南河。在小南河与黄原河汇流处外侧,有一座小山包,Ø 长满了密
密的树木草丛;而在半山腰一方平土台上,Ø 瞩目地立有一座九级
古塔!(据记载,塔始建于唐朝,明代时进行过一次大修整。)此山便
得名古塔山。(古塔山是黄原城的天然公园,也是这个城市的标
志——无论你从哪个方向到黄原城,首先进入视野的就是这座塔。)
如果站在古塔山上,偌大一个黄原城也便一览无余了。(路遥《平凡
的世界》)

(30) 沿着杂草丛生的道路斜坡,他下到马桑河边。连年干旱,河里早失
波涛。河滩上布满光滑的卵石,在月下闪烁着青色的光泽。断流的
河水坑坑洼洼,犹如一片片水银。(莫言《拇指拷》)

例(29)的描写是基于第三方视角的,实现衔接的先行语和照应语分别是
"小河—小河""小南河—小南河""小山包—零形式""半山腰—半山腰""古
塔—古塔""古塔山—古塔山",主要是同形的名词性成分衔接,衔接成分的选
择体现了观察者的视角变化及其观察时思考的情况,选择名词性成分衔接便

于读者理解视角的变化情况。例(30)从"他"的视角描写观察到的场景,主要是"马桑河"的情况,分别对应"河里""河(滩)""河(水)"。

从上述情况看,无论哪一种类型的场景描写,零形式、普通名词衔接都是最主要的衔接方式。

4.3.2　人物描写与衔接方式

人物描写主要包括外貌描写、神态描写、心理描写等,其中心理描写比较复杂,与衔接方式关系不是很密切,而前两个种类的描写在衔接方式方面有一定的特点。如:

(31) 这个人头发稀疏,Ø 门牙已经脱落,Ø 脸色很好,Ø 身材虽不太高,Ø 肩膀和胳膊却很结实,Ø 整整齐齐地穿着一身已经陈旧的黑色西装。([日] 黑柳彻子著,赵玉皎译《窗边的小豆豆》)

(32) 他的个子矮矮的,Ø 脸上长着一对水灵灵的大眼睛。说起话来,Ø 两只眼睛一闪一闪的,好像一对明亮而美丽的珍珠在闪耀。Ø 脸上还长着一张可爱的小嘴,Ø 嘴唇极薄,Ø 透着几分机敏和灵气。Ø 嘴角边常常绽出两个小酒窝,Ø 使他显得更加可爱。(佚名《拾金不昧的同桌》)

例(31)是外貌描写,先行语是"这个人",照应语都是零形式。例(32)中,既有外貌描写,如"大眼睛""小嘴""嘴唇""小酒窝"等,也有神态描写,如"一闪一闪""透着几分机敏和灵气"等,先行语是"他",后续关于"他"的外貌和神态描写对应的照应语都是零形式。在这个语篇中,"好像一对明亮而美丽的珍珠在闪耀""使他显得更加可爱"是评价语,其照应语也是零形式,对应的先行语就是前一个小句,是一个谓词性成分。由此可见,人物描写中最常见的衔接方式是零形式。

当然,有的时候,如果要标记描写的层次,也可能选择代词衔接,比如例(32)可以在"说起话来"前加上"他",既标记层次,也表示描写角度的变化,即从静态转为动态。

4.3.3　过程描写与衔接方式

过程描写主要是写某一个对象的一种可以重复的变化过程。如:

(33) 蝉脱壳的时候,可以说是表演一种奇怪的体操。它腾起身子,Ø 往后翻下来,∅头向下倒挂着,∅原来折叠着的翅膀打开了,竭力伸直。接着,∅尽力把身体翻上去,∅用前爪钩住那层旧皮,∅使它从那层旧皮里完全蜕出来。<u>那些</u>旧皮就只剩个空壳,∅成了蝉蜕。整个过程大约要半个小时。(〔法〕法布尔《蝉》)

(34) 蝉刚把卵装满一个小孔,∅到稍高的地方另做新孔,<u>蚋</u>立刻来到这里。虽然蝉的爪可以够着它,<u>蚋</u>却很镇静,∅一点儿不害怕,∅像在自己家里一样,∅在蝉卵上刺一个孔,∅把自己的卵放进去。蝉飞去了,多数孔内已混进异类的卵,∅把蝉的卵毁坏。<u>这种成熟很快的蚋</u>的幼虫,在每个小孔内有一个,∅以蝉卵为食,∅取代了蝉的家族。(〔法〕法布尔《蝉》)

从顺序上看,过程描写与叙事相似,它们的不同之处在于叙事有具体的时空,而过程描写没有具体的时间信息和确定的主体,具有可重复性,也就是同样的过程可以发生在不同的时间和不同的主体上。换句话说,就是叙事语篇的主体是定指的,而描写语篇的主体是类指的。从衔接方式上看,当整个过程只有一个主体时,先行语通常是指示主体的名词,照应语是零形式或代词。如例(33)中,描写的对象是"蝉",后续的小句或句子中的照应语或是代词同指,或是零形式同指,以此实现衔接。当过程中有两个或以上的主体时,当主体发生变化,通常是名词作为照应语实现衔接,如例(34)中的"蝉"和"蚋"。这类语篇中,实现衔接的体词性成分一般在主语位置,有时在定语位置,如例(34)中"这种成熟很快的蚋的(幼虫)"。

4.4　与描写性语篇中衔接选择性相关的一些问题

4.4.1　名词性谓语句、名词性小句与衔接方式的选择性

在汉语中,名词及名词性短语不仅可以做主宾语,还可以做谓语,有时直接是一个小句。这在描写类的语篇中是一种非常常见的用法。如:

(35) 杜小康家有油麻地最高大也最结实的<u>房子</u>。∅小青砖,∅小青瓦,∅一看就是用钱堆成的好房子。∅后三间,左两间,右两间,前面立起一道高墙,连成一个大院。∅<u>院门</u>两扇,为红色。(曹文轩《草

房子》）

（36）她永远都是那种充满活力的女生。健康的小麦色皮肤，修长得略显
　　　瘦削的四肢。脸是那种勉强可称为瓜子脸的类型。（"百度作文"人
　　　物描写范文）

例（35）中"小青砖""小青瓦""后三间""左三间""右三间"是名词性小句，
"（院门）两扇"是名词性谓语句。从句法角度看，这类用法中如果在前面补出
主语"杜小康的房子"，似乎应该再加上"是"，如"杜小康的房子是小青砖"。但
如果这样补出来，又不符合汉语描写语篇的表达习惯。例（36）中，"健康的小
麦色皮肤""修长得略显瘦削的四肢"，描写对象也是"她"，这类用法中的"形容
词＋名词"与例（35）中略有不同。"小青砖""小青瓦"表达使用的是这类材料，
而例（36）中"健康的小麦色"等是描写性的特征，因此可以说"她的皮肤是健康
的小麦色"。而例（35）中，如果改成"房子的青瓦是小的"，则不符合原来表达
的意思。这类描写性语篇中，照应语可以看作是零形式，在语义上与先行语同
指，但在句法上通常补不出来。

4.4.2　整体与部分的衔接

在环境或场景描写时，有时先行语是整体情况，照应语是整体的一部分。
这类用法中，部分都直接与整体衔接。如：

（37）市区在黄原河上建有二桥，连结东西两岸。市中心的桥建于五十年
　　　代，称为老桥；桥面相当狭窄，勉强可以对行两辆汽车。上游还有一
　　　座新桥，是前两年才修起的；桥面虽然宽阔，但已在城市外围，车辆
　　　和行人不像老桥这样拥挤。（路遥《平凡的世界》）

（38）道路两侧，一侧是麦茬地里长出的秋高粱，一侧是墨水河边蔓延过
　　　来的芦苇。（莫言《丰乳肥臀》）

（39）这些石刻石狮子，有的母子相抱，有的交头接耳，有的像倾听水声，
　　　有的像注视行人，千态万状，惟妙惟肖。（茅以升《中国石拱桥》）

（40）进了太和门，就到紫禁城的中心三大殿太和殿、中和殿、保和殿。三
　　　座大殿赢立在七米多高的白石台基上。（黄传惕《故宫博物院》）

例（37）中，先行语是第一个小句中的"（建有）二桥"，后面两个句子分别描
写其中的一座，"市中心的桥""（上游还有一座）新桥"是照应语，它们都分别与
"二桥"衔接；例（38）中，先行语是"两侧"，后两个小句中的两个"一侧"分别与

之衔接;例(39)中,先行语是"这些(石刻石狮子)",后续小句中的四个"有的"是照应语,分别与之衔接。还有的用法中,前面是分,后面是总,如例(40)中,前面先行语是"太和殿、中和殿、保和殿"是分说,后句"三座大殿"是总指,是照应语,它们也是衔接的。有的时候,需要结合语篇的具体内容判断先行语。如:

(41) 在这些草房子的前后或在这些草房子之间,总有一些安排,或一丛两丛竹子,或三株两株蔷薇,或一片花开得五颜六色的美人蕉,或干脆就是一小片夹杂着小花的草丛。这些安排,没有一丝刻意的痕迹,仿佛这个校园,原本就是有的,原本就是这个样子。(曹文轩《草房子》)

例(41)中,"一些安排"是名词作先行语,后续小句中四个代词"或"是照应语。最后一个句子又用一个总括性的"这些安排"作为照应语,但其先行语不是"一些安排",而是四个"或"。

4.4.3　描写语篇中的非直接衔接

有的用法中,不同的先行语出现在一个句子中,照应语出现在不同的句子或小句中。如:

(42) ① 大礼堂椭圆形,有两层挑台象两弯新月,围拱着主席台,使大礼堂成为层次分明错落有致的整体。② 两层挑台连地面共三层座席,有九千六百多个席位。③ 礼堂的主席台像个小会场,能容纳三百多人。(孙世恺《雄伟的人民大会堂》)

例(42)句子①中出现了"两层挑台"和"主席台",它们都是先行语。句子②中"两层挑台"是照应语,句子③中"礼堂的主席台"是照应语,它们分别与句子①衔接。

4.4.4　名语素实现的衔接

有的时候,照应语是先行语中的一个语素,与其他语素或者词组合成一个新的语言单位,实现衔接。如:

(43) 一是圣母殿。这是全祠的主殿,是为虞侯的母亲邑姜所修的。建于宋天圣年间,重修于宋崇宁元年(一一〇二年),距今已有八百八十年。<u>殿</u>外有一周围廊,是我国古建筑中现在能找到的最早实例。<u>殿内</u>宽七间、深六间,极宽敞,却无一根柱子。原来屋架全靠墙外回廊上的木柱支撑。<u>廊</u>柱略向内倾,四角高挑,形成飞檐。(梁衡《晋祠》)

(44) 去年,到潮州出差,潮州有<u>韩公祠</u>,<u>祠</u>依山临水而建,气势雄伟。<u>祠</u>后有山曰韩山,<u>祠</u>前有水名韩江,当地人说此皆因韩愈而名。(梁衡《读韩愈》)

例(43)中,"殿外""殿内"中的"殿"、"廊柱"中的"廊"都是语素,作为照应语与前文中的"圣母殿""回廊上的木柱"同指。例(44)中,先行语是"韩公祠",照应语有三个语素"祠"。这种方式的衔接是建筑物描写中常见的。

4.4.5 围绕中心的描写和平面的描写与衔接方式

有的描写是围绕着某一个点从多方面进行的,有的是描写某一个事物的多个方面。如:

(45) 秃鹤的秃,是很地道的。他用长长的好看的<u>脖子</u>,支撑起那么<u>一颗光溜溜的脑袋</u>。<u>这颗脑袋</u>绝无一丝瘢痕,光滑得竟然那么均匀。<u>阳光下</u>,<u>这颗脑袋</u>像打了蜡一般地亮,让他的同学们无端地想起,夜里它也会亮的。(曹文轩《草房子》)

(46) 大殿正中是一个约两米高的<u>朱漆方台</u>,Ø 上面安放着金漆雕龙宝座,背后是雕龙屏。方台两旁有六根高大的蟠龙金柱,每根大柱上盘绕着矫健的金龙。(梁衡《晋祠》)

例(45)主要描写"秃鹤的秃",分别从"脖子""光滑""阳光下"等不同的角度进行描写。例(46)是描写大殿的情况,先描写了其上面和背后的情况,又描写了其两旁的情况,描写的对象有所不同。这两种情况下衔接的方式不同,第一种通常是以描写的对象作为衔接项,第二种情况通常是用上下位或者"零形式+方位"作为衔接的方式。

4.4.6 与其他语体交替语篇的衔接

在语篇中,描写常常与说明、评价等交替出现。如:

(47) ① 这小圆孔约一英寸口径,周围一点儿土都没有。② 大多数掘地昆虫,例如金蜣,窠外面总有一座土堆。③ 这种区别是由于它们工作方法的不同。④ 金蜣的工作是由洞口开始,所以把掘出来的废料堆积在地面。⑤ 蝉的幼虫是从地下上来的,最后的工作才是开辟大门口。⑥ 因为门还未开,所以不可能在门口堆积泥土。(〔法〕法布尔《蝉》)

例(47)中,句子①"这小圆孔约一英寸口径,周围一点儿土都没有",是描写性的语篇,但其后主要是说明性的。这个语篇首先描写了蝉洞口的情况,转而说明其他昆虫(大多数掘地昆虫)的窠的情况,继而解释其与蝉洞口情况不同的原因。然后具体说明"金蜣"和"蝉"的不同工作顺序,最后解释为什么蝉洞口"门口一点儿土都没有",可以看出,衔接不是围绕某一个中心进行的。实际上,语体的差异还影响代词的选择,如:

(48) 在北京的中心,有一座城中之城,这就是紫禁城。现在人们叫它故宫,也叫故宫博物院。这是明清两代的皇宫,是我国现存的最大最完整的古代宫殿建筑群,有五百多年历史了。(黄传惕《故宫博物院》)

例(48)中,先行语"城中之城",后面的照应语有两个"这"和一个"它",它们不是随意选择的。"这"通常用于说明,"它"则用于描写。

4.5　　小　　　　结

本章主要考察了描写语篇中衔接方式的选择性,先行语主要是专有名词,少数为普通名词,实现衔接的句法位置主要是"主语—主语""宾语—主语""宾语—定语"等,汉语存在多种描写类型,如部件描写、人物描写、过程描写等,不同类型的描写衔接有其特点。描写语篇中的名词性谓语句和名词性小句、整体与部分、描写方式、直接间接衔接等都对其衔接方式的选择性产生影响,有的时候用名语素实现衔接。

第五章 说明类语体衔接方式的选择性研究

叶圣陶(2005)说过:"说明文说明一种道理,作者的态度是非常冷静的。道理本该怎样,作者把它说清楚了就算完事,其间参不进个人的感情呀,绘声绘色的描摹呀这一套。"反映到说明类语体的衔接方面,就是说明对象虽然一般都具有一定的概括性,但先行语和照应语的衔接都是比较明确的,符合认知的。

5.1 说明类语体中的照应

从语篇组构情况看,说明语篇的照应主要有以下几种情况。

5.1.1 先行语是普通名词

5.1.1.1 先行语是普通名词,照应语是普通名词

(1) 这种云叫卷层云。卷层云慢慢地向前推进,天气就将转阴。(朱泳燚《看云识天气》)

(2) 无数颗星星在茫无涯际的宇宙中运动着。我们看得见的星星,绝大多数是恒星。(郑文光《宇宙里有些什么》)

例(1)中,先行语是"卷层云",是普通名词,第二个句子中的照应语也是普通名词"卷层云"。例(2)中,先行语是"无数颗星星",照应语是一个定中结构的名词性成分,中心语"星星"也是普通名词。

5.1.1.2 先行语是普通名词,照应语是代词(短语)

(3) 花朵的红色是热情的色彩,它强烈、奔放、激动、令人精神振奋。(贾祖璋《花儿为什么这样红》)

(4) 那最轻盈、站得最高的云,叫卷云。这种云很薄,阳光可以透过云层照到地面,房屋和树木的光与影依然很清晰。(朱泳燚《看云识天气》)

例(3)中,先行语是普通名词"(花朵的)红色",照应语是代词"它";例(4)中,先行语是普通名词"卷云",照应语是代词短语"这种云"。

5.1.1.3　先行语是普通名词,照应语是零形式

(5) 天上的云,真是姿态万千,∅ 变化无常。(朱泳燚《看云识天气》)

(6) 在太阳和月亮的周围,有时会出现一种美丽的七彩光圈,∅ 里层是红色的,∅ 外层是紫色的。(朱泳燚《看云识天气》)

例(5)中,先行语是普通名词"(天上的)云",照应语是零形式。例(6)中,先行语是"七彩光圈",照应语是零形式,其在语义上限制"里层""外层",可以理解为"七彩光圈的里层/外层"。

5.1.2　先行语是代词(短语)

5.1.2.1　先行语是代词(短语),照应语是代词(短语)

(7) 这种书比起竹简来轻便多了,但它的成本太高,不容易普遍采用。(崔金泰、宋广礼《从甲骨文到口袋图书馆》)

(8) 它距离我们那样远,光线从它那到地球上得走二百二十万年。(郑文光《宇宙里有些什么》)

例(7)中,先行语是代词短语"这种书",后一个小句中的照应语是代词"它";例(8)中,先行语是"它",第二个小句中的照应语也是"它"。

有的时候,前后衔接的代词(短语)是不同形的。如:

(9) 看上去它们好像是冷的,但实际上每颗恒星都是一个火热的太阳。(郑文光《宇宙里有些什么》)

例(9)中,先行语是"它们",照应语是"每颗恒星",是从不同的视角进行的指示。

5.1.2.2　先行语是代词(短语),照应语是零形式

(10) 森林是有利于环境的,它可以吸收来自大气中的二氧化碳,∅ 放出氧气,∅ 可以净化空气,∅ 并降低温度,∅ 减轻温室效应。(张志毅《走近森林》)

(11) 它们自己不能制造食物,∅ 靠植物来生活。(朱相远《食物从何处来》)

例(10)中,第二个小句中的"它"是前一个小句中先行语"森林"的照应语,也是后几个小句的先行语。后几个小句中的照应语都是零形式的。例(11)中,先行语是"它们",后一小句中的照应语是零形式。

5.1.3 先行语是专有名词

(12) 西汉的时候,<u>东方朔</u>给汉武帝写了一篇文章,Ø用了三千片竹简,是由两名身强力壮的武士吃力地抬到宫廷里面去的。<u>汉武帝</u>把竹简一片一片地解下来看,Ø足足用了两个月的时间才看完。(崔金泰、宋广礼《从甲骨文到口袋图书馆》)

(13) <u>梦天实验舱</u>货物运输更安全快捷。<u>梦天实验舱</u>配置了货物气闸舱,Ø并安装了载荷转移机构。(学科网《梦天实验舱,筑梦"太空之家"》)

在语篇组构过程中,专有名词常常是语篇外指的衔接方式,在说明类语体中,主要有两种情况下先行语出现专有名词。第一种情况是用例子进行说明时,如果涉及特指的人或物,则先行语出现专有名词。如例(12)中的"东方朔""汉武帝"等,其中"东方朔"在本小句中用零形式照应,"汉武帝"在另一个句子中仍用专有名词"汉武帝"照应,实现两个句子之间的衔接,第二个句子中的照应语是零形式。例(13)的说明对象是一个专有设备"梦天实验舱",整个语篇都是说明其所具有的特点,先行语是专有名词,第二个句子中的第一个照应语也是专有名词,第二个照应语是零形式。

5.1.4 先行语是谓词性成分

先行语是谓词性成分,照应语主要是代词(短语)或零形式。

5.1.4.1 照应语是代词(短语)

(14) <u>云,能够帮助我们识别阴晴风雨,预知天气变化</u>,<u>这</u>对工农业生产有着重要的意义。(朱泳燚《看云识天气》)

(15) 还有<u>"午后黑云滚成团,风雨冰雹一齐来"</u>、<u>"天黄闷热乌云翻,天河水吼防冰蛋"</u>等说法,<u>这些</u>都说明当空气对流强盛,云块发展迅猛,像浓烟一股股地直往上冲,云层上下前后翻滚时,就容易下冰雹。(朱泳燚《看云识天气》)

例(14)中,先行语是画线的这个小句,是一个谓词性成分,照应语是代词

"这",其所指就是前面的成分。例(15)中,画线的部分是两个小句,也是先行语,后面小句中"这些"指示它们,是照应语。这种衔接,也可能在两个句子之间实现。如:

(16)"西北开天锁,明朝大太阳":指<u>阴雨天时,西北方向云层裂开,露出一块蓝天</u>,称"天开锁"。<u>这</u>说明本地已处在阴雨天气系统后部,随着阴雨系统东移,本地将雨止云消,天气转好。(朱泳燚《看云识天气》)

例(16)中,第一个句子是解释"西北开天锁",第二个句子是说明"明朝大太阳"的意思,两个句子用"这"衔接,其所指是前句中画线部分的小句。

5.1.4.2 照应语是零形式

(17)<u>朝霞在西</u>,Ø 表明阴雨天气在向我们进袭;<u>晚霞在东</u>,Ø 表示最近几天里天气晴朗。(朱泳燚《看云识天气》)

(18)有些白花,例如菊花,<u>萎谢之前微染红色</u>,Ø 表示它这时也含有少量的花青素了。(贾祖璋《花儿为什么这样红》)

例(17)中,"朝霞在西"和"晚霞在东"两个小句在语义上都是后面小句的主语,但在句法上都是零形式。例(18)中,"萎谢之前微染红色"也是后一小句语义上的主语。这类的照应语都是零形式,但可以调换成代词,如例(17)、例(18)中的零形式都可以换成"这"。有的时候,这种用法可以是连续的。如:

(19)由于<u>近代人类大量使用石化燃料</u>,Ø 使<u>大气中二氧化碳、甲烷等温室气体浓度不断升高</u>,Ø 引起地球上的"温室效应"(张志毅《走近森林》)

例(19)中,第一个先行语是"近代人类大量使用石化燃料",第二个先行语是"大气中二氧化碳、甲烷等温室气体浓度不断升高",它们的照应语分别是其后小句中的零形式。

从考察情况看,这类语篇中,零形式作为照应语一般只能在句子内部实现衔接,句子之间的衔接一般需要代词短语等形式作为照应语实现衔接。

5.1.5 小句与句子之间衔接方式的选择性差异

从小句和句子之间的衔接情况看,选择的倾向有一定差异。从我们选择的 11 000 多字的说明文中标注和统计的结果数据如表 5-1。

表5-1　说明类语体中小句和句子衔接方式的选择性差异

衔接方式	照　应　语							
	名词（个）	占比（%）	代名词（个）	占比（%）	零形式（个）	占比（%）	代谓词（个）	占比（%）
小句	25	10.8	50	21.6	149	64.6	7	3
句子	146	62.6	67	28.8	11	4.7	9	3.9

从表5-1可以看出,在小句层面各照应语出现的频率为:零形式>代名词>普通名词>代谓词,而句子层面为:普通名词>代名词>零形式>代谓词。从信息量上看,句子层面选择的照应语指称性更强。

总体来看,照应语是普通名词和零形式的衔接方式最常见,代词用于句子和小句层面衔接的频率相当,也属于常见用法。

5.2　说明类语体依赖性衔接方式的句法考察

说明性语体中,先行语与照应语所在的句法位置主要有以下几种情况。

5.2.1　先行语是主语,照应语是主语

(20) 卷云丝丝缕缕地飘浮着,Ø 有时像一片白色的羽毛,Ø 有时像一块洁白的绫纱。(朱泳燚《看云识天气》)

(21) 又如八仙花,初开白色微绿,经过几天,变成淡红,或带微蓝,它不像添色木芙蓉那样朝开暮落。(贾祖璋《花儿为什么这样红》)

例(20)中,先行语是"卷云",几个小句的照应语都是零形式,它们都在主语位置。例(21)中,先行语是"八仙花",最后一个小句的照应语是代词"它",它们都是所在小句的主语。

5.2.2　先行语是宾语,照应语是主语

(22) 这种云叫雨层云。雨层云一形成,连绵不断的雨雪也就降临了。(朱泳燚《看云识天气》)

(23) 还有难于计算的由尘埃和气体组成的星云,Ø 浮游在星星和星星之

间,∅浮游在宇宙空间里,∅阻碍星光的通过。(郑文光《宇宙里有些什么》)

例(22)中,先行语是"叫"的宾语"雨层云",照应语也是"雨层云",是所在小句的主语;例(23)中,先行语是"有"的宾语"(难于计算的由尘埃和气体组成的)星云",后三个小句的照应语都是零形式,都在小句的主语位置。有的时候,照应语可以出现在主语的定语位置。如:

(24) 更有趣的是一种叫做"电视唱片"的书,也叫"视盘",它的外形像普通的唱片。(崔金泰、宋广礼《从甲骨文到口袋图书馆》)

(25) 太阳光经过三棱镜或水滴的折射,会分成红、橙、黄、绿、蓝、靛、紫七种颜色。这七种颜色的光波长短不同,红光波长,紫光波短。(贾祖璋《花儿为什么这样红》)

例(24)中,先行语"叫做'电视唱片'的书"是所在小句的宾语,第三个小句的主语是"它的外形",主语中心词的定语、代词"它"是照应语。例(25)中,"分成"的宾语"红、橙、黄、绿、蓝、靛、紫七种颜色"是先行语,后一小句主语是"这七种颜色的光波",主语的定语"这七种颜色"是照应语。

5.2.3　先行语是宾语,照应语是宾语

(26) 这时卷层云已经改名换姓,该叫它高层云了。出现了高层云,往往在几个钟头内便要下雨或者下雪。(朱泳燚《看云识天气》)

(27) 另一种叫异养。所有的动物和大部分微生物都是这一类。(朱相远《食物从何处来》)

例(26)中,第一个句子中"叫"的远宾语"高层云"是先行语,后一小句中的"高层云"是照应语,它们都是宾语。例(27)中,先行语是"叫"的宾语"异养",照应语"这一类"为"(都)是"的宾语。

5.3　说明类语体依赖性衔接的几个问题

5.3.1　线性衔接与非线性衔接

有的说明语篇,是线性衔接的,即第一句与第二句衔接,第二句与第三句

衔接。如：

(28) ① 云南省东北部的乌蒙山区中，有一条南北走向注入金沙江的<u>河流</u>，名叫<u>小江</u>。② <u>小江</u>下游有一条跟小江近乎成直角相交的沟，就是<u>蒋家沟</u>。③ <u>这条沟</u>长 12 公里，流域面积 47.1 平方公里。（李械、张卫国《一次大型的泥石流》）

例(28)中，句子①中先行语"小江"的照应语是句子②中的"小江"，句子②中先行语"蒋家沟"的照应语是句子③中的"这条沟"。整个语篇中，句子之间是线性衔接的（如图 5－1 所示）。

图 5－1　线性衔接示意图

有些语篇是非线性衔接关系，主要有几种情况。

第一，与层次相关的语篇衔接。在语篇组构过程中，有的时候是小句之间先组合，再与其他小句或句子组合。如：

(29) ① 卷云和卷积云都很高，② 那里水分少，③ 它们一般不会带来雨雪。（朱泳燚《看云识天气》）

例(29)中，"它们"是一个照应语，其所指与"卷云和卷积云"相同，在这个例子中，如果去掉第二个小句"那里水分少"，仍是一个连贯的语篇，选择的衔接方式是依赖性衔接，即"它们"的解释依赖前面的同指成分。那么这个语篇是怎么实现衔接的呢？这与层次有关，即"那里水分少"先与"它们一般不会带来雨雪"组合（它们之间是因果关系），再与第一个小句组合成一个大的语篇。它们的衔接关系如图 5－2 所示：

图 5－2　同层次语篇直接衔接示意图

有的时候也可能是几个小句分别先组合，再组合成更大的语篇。如：

(30) ① 这些星云有的厚到几万亿公里，② 本身并不发光，③ Ø 如果在附近有恒星，④ 它就反射出光亮，⑤ Ø 叫做亮星云。（郑文光《宇宙里

有些什么》)

例(30)中,小句③的主语是零形式,那么它指小句①中的"这些星云",还是小句④中的"它"呢? 从组合的层次看,这个零形式是先行语,后句中的"它"是照应语。它们的衔接关系如图5-3所示:

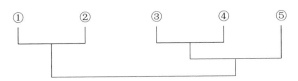

图5-3　多层次衔接情况示意图

在这个语篇中,有两个大的层次,"它"作为照应语,指示"这些星云"的一部分,实现了这两个层次间的衔接。在小句③到⑤中,"它"与两个零形式同指,实现了衔接。

有的时候,在两个句子之间可插入背景信息。如:

(31) ① 二氧化碳和水在合成车间——叶绿体里,发生奇妙的变化。② 叶绿体是叶绿素和蛋白质等组成的小颗粒,一个叶肉细胞里,一般含二十至一百个。③ 叶子的绿色就是它们的颜色。④ 叶绿体吸收了太阳的光能,就把二氧化碳和水合成为含有高能的有机物质(主要是碳水化合物),同时放出废气——氧,由气孔排出。⑤ 这就是赫赫有名的光合作用。(朱相远《食物从何处来》)

从形式上看,例(31)的语篇有5个句子,前4个句子中的"叶绿体""叶绿体""它们""叶绿体"所指相同,它们是不是线性衔接呢? 并不是。如果去掉句子①,②③④的组合不是一个完整的语篇。这个语篇的层次性如图5-4所示:

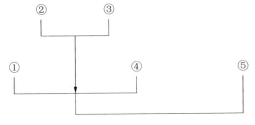

图5-4　插入成分衔接示意图

从图5-4可以看出,句子④与句子①直接衔接,句子②③主要介绍什么是叶绿体,是插入成分,对说明什么是光合作用来说不是必有的,所以第二个和第三个"叶绿体"都直接与第一个"叶绿体"衔接。正因为如此,①②③可以组构成一个语篇,①④⑤可以组合成一个语篇,但②③④不能组合成一个语篇。

还有的语篇中,几个句子之间是并列关系。如:

(32) ① 不论是红花还是红叶,它们的细胞液里都含有由葡萄糖变成的<u>花青素</u>。② 当<u>它</u>是酸性的时候,呈现红色,酸性愈强,颜色愈红。③ 当<u>它</u>是碱性的时候,呈现蓝色,碱性较强,成为蓝黑色,如墨菊、黑牡丹等是。④ 而当<u>它</u>是中性的时候,则是紫色。(贾祖璋《花儿为什么这样红》)

例(32)中,②③④句子中的"它"是照应语,这三个句子是并列关系,"它"的先行语都是第一个句子中的"花青素"。这个语篇的结构如图5-5所示:

图 5-5　雁形结构衔接示意图

这个语篇中,当句子②选择代词"它"作为照应语时,后面两句都必须选择同样的形式作为照应语,进行衔接。

5.3.2　先行语和照应语的几种语义关系

说明类语体中,先行语与照应语之间,除了完全同形的形式以外,还有以下三种语义关系。

第一,先行语和照应语是整体与部分的关系。如:

(33) 植物合成了<u>这些食物</u>,<u>大部分</u>都用来组成躯体和贮藏在种子或块根、块茎中,<u>小部分</u>经呼吸作用又被分解成水和二氧化碳,同时,放出能量,供给生命活动之用。(朱相远《食物从何处来》)

(34) <u>一个比较大的花瓶的胎</u>分作几截,大概<u>瓶口、瓶颈的部分</u>一截,<u>瓶腹鼓出的部分</u>一截,<u>瓶腹以下</u>又是一截。(叶圣陶《景泰蓝的制作》)

例(33)中,先行语是"这些食物",后面小句中的"大部分""小部分"都指"食物"的一部分;例(34)中,先行语是"一个比较大的花瓶的胎",后续小句中"瓶口、瓶颈的部分""瓶腹鼓出的部分""瓶腹以下"都指"胎"的一部分。

第二,先行语和照应语是上位与下位的关系。如:

(35) "视盘"既可以显示宏观世界的物体运动情况,也可以显示微观世界的许多微妙的现象。比如,植物的光合作用,物质的分子运动,甚至原子核的破裂等情形,都可以用动画的方法显示在屏幕上。(崔金泰、宋广礼《从甲骨文到口袋图书馆》)

(36) 一切生物,只要活着就要消耗能量。一个成年人,即使一点工作也不做,一天也要消耗一千四百大卡的能量。(朱相远《食物从何处来》)

例(35)中,先行语是"微观世界的许多微妙的现象",照应语是"植物的光合作用,物质的分子运动,甚至原子核的破裂等情形"。前者中"微观世界"所指范围为"一般肉眼不可见的",后续的"光合作用"等都属于这个范围,是其下位的概念。例(36)中,先行语"一切生物"是基于是否有生命做出的分类,后句中的照应语"一个成年人",是基于其他标准对生物的下位做出的分类,与前一个句子也是衔接的。

上下位关系与整体和部分关系的差别在于,整体与部分凸显的是组成关系,而上下位是基于不同的标准做出的分类。比如"生物"包括"植物、动物"等,后两者虽然也是前面类别的一部分,但其凸显的是层级关系。

第三,先行语与照应语语义具有相关性,在同一认知域内,由此实现衔接。如:

(37) 在森林被破坏或无森林的地区,水土流失严重,许多河道和水利设施不断受到泥沙淤积,经常造成水灾。(张志毅《走近森林》)

(38) 激光的方向性特别好。太阳、蜡烛、电灯发的光都是向四面八方发散的;手电筒、探照灯虽然能向一个方向发射光束,但是距离一长,还是会散开来。激光却能集中成平行的光束向一个方向发散,而且几乎不衰减。(学科网《奇异的激光》)

例(37)中,前一小句中"水土"是先行语,后一小句中的"泥沙"虽然与先行语不是同形或部分同形的关系,但是它们在一个认知域中。有相关常识的都知道,"水土流失"造成"泥沙淤积",所以"泥沙"可以作为照应语,实现衔接。例(38)中,"太阳、蜡烛、电灯""手电筒、探照灯""激光"三者形式不同,但由第一个句子确定这个语篇的认知域是"光线的方向性"。以上三种情况分别代表"发散的光线""短距离聚焦的光线""不发散的光线",在同一个认知域内,所以也是衔接的。

5.3.3　说明方法对语篇衔接方式选择的影响

在说明类语体中,为了让读者容易理解内容,常常会选择多种方法进行说明。说明方式不同,衔接方式可能也有差异。

举例是一种常见的说明方法。这类方法一般是用一个例子或几个具体的例子,来具体说明某一种情况。如:

(39)　再如大丽花,原产墨西哥,只有八个红色花瓣。人工栽培的历史仅仅二三百年,Ø 却已有千种形状、颜色不同的品种。(贾祖璋《花儿为什么这样红》)

(40)　变色的一个特殊例子是添色木芙蓉,Ø 早晨初开白色,Ø 中午淡红,Ø 下午深红,Ø 一日三变,Ø 愈开愈美丽。(贾祖璋《花儿为什么这样红》)

例(39)中,具体说明人工栽培对花的颜色丰富性的影响,是以"大丽花"为例进行的说明,先行语是"大丽花",第二个句子中的照应语是零形式。例(40)以"添色木芙蓉"为例,先行语是"添色木芙蓉",后续几个小句都是零形式为照应语。这也是叙事类语体中最常见的衔接方式。

还有些说明,按照先后顺序来进行。如:

(41)　碳纤维生产工艺极其复杂,制备流程非常长。以制备聚丙烯腈碳纤维为例,人们需要先从石油、煤炭、天然气等化石燃料中制得丙烯,经氨氧化后得到丙烯腈。丙烯腈经聚合和纺丝后,获得聚丙烯腈原丝。原丝经过预氧化、低温和高温碳化,再经过浆料表面处理,然后上浆,才能得到碳纤维。(赖世伟《碳纤维的发展》)

例(41)中,"碳纤维"的制作过程中,不同的阶段有不同的产品,从衔接方式上看,都是"名词—名词"的衔接,句法位置上,都是"宾语—主语"衔接。具体为:丙烯—丙烯腈(宾语)—丙烯腈(主语)—丙烯腈原丝(宾语)—原丝(主语)。

有的时候,说明的不是过程,而是解释具体的对象。如:

(42)　昆虫采蜜传粉,有一特殊的习性,Ø 就是经常只采访同一种植物的花朵。(贾祖璋《花儿为什么这样红》)

(43)　光刻机技术有多难? 业界有形象的比喻,用光在晶圆上画图,Ø 相当于两架客机齐头并进,一架机翼上挂一把刀,另一架飞机上粘一

颗米粒,用刀在米粒上刻字。(半导体芯闻《国产光刻机如何突围》)

例(42)主要是解释"特殊的习性",先用存现句式引入,然后零形式衔接具体解释的小句,是叙事语篇的常见衔接方式:名词短语—零形式。例(43)是用比喻的方式进行的说明,这个比喻用的是类比,方式与叙事一致,是依赖性衔接:谓词性成分—零形式—两架客机——架(刀)、一架(米粒)—刀、米粒。

5.3.4 说明结构与衔接方式的选择性

在说明过程中,作者可能会选择不同的结构方式,这也会影响衔接方式的选择性。比如常见的"总分结构"与"分总结构",衔接方式也有区别。如:

(44) 森林能产生直接的经济效益,同时又有巨大的生态环境效应,这是任何其他东西都无法代替的。(张志毅《走近森林》)

(45) 日华和月华大多产生在高积云的边缘部分。华环由小变大,天气趋向晴好。华环由大变小,天气可能转为阴雨。(朱泳燚《看云识天气》)

例(44)是"分—总"结构,前面两个小句为"分",后面一个小句为"总","分"的部分是两个小句,总的部分用"这"作为照应语,指示这两个小句。例(45)先是总的介绍,后面从两个方面具体说明。先行语是上位的"日华和月华",后两个句子中的照应语都是"华环",这类衔接"分"的部分的照应语常常是先行语的一个部分。

有的说明语篇中,不同部分是并列结构。如:

(46) "万象"板块里,自然、科学、科幻、视野都是关键词。《众神之地》扎根中国独特的极致地貌,探寻人类,动物与大自然的和谐共生;《未来奥德赛》——当下唯——部以刘慈欣科幻宇宙为题材的天文科普纪录片;《心灵密码》解密人心深处,有着心理学实验性质。(王彦《从娱乐化到知识化,属于Z世代的纪录片黄金时代来了!》)

例(46)主要是说明电影的关键词,后续三个句子的主语都是电影名,它们之间没有直接关系,但是同一个认知域的,因此也是衔接的。

5.3.5 代词"这""那"衔接功能的差异

代词是语篇功能词,常常用来指称语篇外的成分或者语篇内的某一个成分。徐丹(1988)指出,按照《现代汉语频率词典》,"这"位于第 10 个常用字,出现的次数为 138 426 次,而"那"只是 182 位,出现次数为 28 882 次,"这"字出现的频率大概是"那"的 4.8 倍。曹秀玲(2000)考察了 20 万字的语料中"这""那"的用法,其中"这"单用的 42 例,"那"单用的 19 例;"这 + NP"的用法 72 例,"那 + NP"的用法 74 例。总的来看,"这"共出现了 114 次,"那"出现了 93 次,"这"的出现频率是"那"的 1.25 倍。在说明语篇中,"这""那"出现的频率与上述研究有一定的差异。我们统计了 18 000 字的说明语篇中它们出现的频率(不含"这样""那样""这么""那么"),主要考察了以下几个方面的情况:(1) 单用与合用的频率,如果代词后有"(这/那)里""(这/那)种",看作是合用的用法,其他的看作单用;(2) 主语与宾语的比例,单个代词或代词短语做定语的或者做主宾语的分别统计①;(3) 外指与内指的比例,统计"这/那"是外指还是内指,主要依据代词或者代词短语前是否有同指的成分,如果没有,则为外指,如果有,则为内指;(4) 引发与照应的比例,统计"这/那"首次出现时的篇章功能是引发还是照应。

表 5-2　"这""那"在说明语篇中使用情况统计表②

用法	那(个)	占比(%)	这(个)	占比(%)
单用	4	25.0	9	9.5
合用	12	75.0	86	90.5
宾语	2	12.5	26	27.4
主语	14	87.5	69	62.6

①　说明语篇中,"这""那"后加其他名词性成分等有时可以指示时间,如:"接着,云层越来越低,越来越厚,隔了云看太阳或月亮,就像隔了一层毛玻璃,朦胧不清。这时卷层云已经改名换姓,该叫它高层云了。"这个小句中的"卷层云"是照应语,与前面的先行语同指,所以其实现了语篇的衔接。这个语篇是借用叙事的方式进行说明,例中的"这时"是表示时间的,可以看作时间状语,但不是前后句子实现衔接的最主要方式,因为如果去掉"这时卷层云已经改名换姓",后句改为"这就是高层云了",也是一个完整的语篇。这类用法一共 3 例,都不是说明语篇衔接的主要方式,没有统计在总数中。

②　统计的过程中,有一类用法是对举的,如"从这颗星星到那颗星星的距离,每秒钟能飞十六点七公里的宇宙飞船得走几万年。""在每一个恒星系里,光线从这一头到那一头也得走几万以至十几万年。"这类用法的"这""那"不是先行语或照应语,没有体现语篇功能。这类用法没有统计在内。

用法	那(个)	占比(%)	这(个)	占比(%)
外指	9	56.3	0	0
内指	7	43.7	95	100
引发	9	56.3	0	0
照应	7	43.7	95	100

从表 5 - 2 可以看出,"这""那"出现次数分别为 95 次和 16 次。频率略高于他们的总体分布情况。

在选择"这""那"时,选择"这"的比例是"那"的 6 倍,这与说明语篇的认知域有关。说明类语体一般将读者带入说明域中,便于其从心理上认同。从考察的情况看,选择"那"时通常有其他的动因。如:

(47) 从一间特殊的房间里,一道道红光射向天空,那是激光测距仪在测量地球和月球之间的距离。(学科网《奇异的激光》)

(48) 柳树的每个枝子上长着好些叶子,每片叶子两笔,像一个左括号和一个右括号,那太细小了,可是他们也要细磨细琢地粘上去。(叶圣陶《景泰蓝的制作》)

在说明过程中,可以借用比喻、拟人等修辞方法,对个别对象许多属性的列举以及对一种过程的描述,称之为"描写性的说明"(浦伯良,1979)。具体地看,例(47)虽然是说明,但有一定描写的特点,作者为凸显描写角度,这里选择"那"表明自己是一个客观的观察者。例(48)中,"太细小了"是一个背景信息,这里也选择用"那",表明这个信息不是前景信息,凸显度不高。

从表 5 - 2 中,还可以看出以下特点。

第一,单独使用的"那"和"这"在说明语篇中出现的频率都比较低,"那"为 25%,"这"为 9.5%,合用或者后加 NP 是它们最主要的用法。

第二,"那"和"这"及其短语主要出现主语位置上,在宾语位置的用法主要是在介词宾语位置或者在背景小句中,而且常常是中心语的定语。如:

(49) 在这运动中,太阳系每秒钟要走二百五十公里。(郑文光《宇宙里有

些什么》)

(50)"江猪过河,大雨滂沱":江猪指雨层云下的碎雨云,出现这种云,表明雨层云中水汽很充足,大雨即将来临。(朱泳燚《看云识天气》)

(51)人工造林不要将目光仅仅盯在<u>那些</u>所谓的速生树种上……(蒋高明《人工造林有学问》)

例(49)中,"这"与"运动"组成代词短语,做介词"在"的宾语。例(50)中,"这"是宾语的一个部分,"这"与"种"先组成一个短语,再做"云"的定语。例(51)中,"那些"是"速生树种"的定语,它们都是介词"在"的宾语的一部分。

第三,"那"可以是先行语,是因为其常常可以用于外指。在外指时,有时候所指并不明确,需要后续的定语成分限定范围。如:

(52)<u>那最轻盈、站得最高的云</u>,叫卷云。

(53)天空的薄云,往往是天气晴朗的象征;<u>那些低而厚密的云层</u>,常常是阴雨风雪的预兆。

例(52)中,"那"后有定语"最轻盈、站得最高",例(53)中,"那些"后有"低而厚密",从限定性角度看,"那"的区别性比定语要弱,理由之一就是它可以省略,其指示功能是弱化的。而"这"即使后续有限定性定语,"这"所指是明确的。如:

(54)叶子上面有着许多气孔。在阳光下,<u>这些气孔</u>一面排出氧气和蒸腾水分,一面还吸入大量的二氧化碳。

从功能上看,"这"作为照应语,在语篇中一般不能省略。如例(54)中,"这些"指的是前句中的"许多气孔"。

第四,前面提到"这"都必须是照应语,其同时也可能是先行语。如:

(55)春秋末期,还出现了<u>写在绸子上面的书</u>。<u>这种书</u>叫做帛书。<u>它</u>可以卷起来,一部书就是一卷绸子,用木棒做轴,所以也叫它卷轴本。

例(55)中"这种书"是"写在绸子上的书"的照应语,同时又是"它"的先行语,所以具有双重身份。

5.4　小　　结

本章主要考察了说明语篇中衔接方式的选择性,先行语主要是普通名词和代词(短语),少数是专有名词。照应语主要有普通名词、代词和零形式,它们主要句法位置是"主语—主语""宾语—主语"等。

语篇中存在着线性衔接与非线性衔接的差异。非线性结构中,语篇存在多种结构关系,可能影响先行语与照应语的选择性。先行语与照应语之间也存在多种语义关系,说明方法、结构等都影响选择体现何种关系的衔接方式。最后研究了代词"这""那"衔接功能的差异。

第六章 观点类语体中衔接 方式的选择性研究

观点类语体中,由于引发观点的方式比较多,语篇组构方式相应较复杂。这类语体语篇的组构主要围绕中心观点展开,一般没有贯穿整个语篇的主体或某一个对象等。不同的表达观点的方法决定了其衔接方式的选择性差异。

6.1 观点类语体中的照应

从语篇组构情况看,说明语篇的照应主要有以下几种情况。

6.1.1 先行语是专有名词

6.1.1.1 先行语是专有名词,照应语是专有名词

(1) 今年夏天,85 后航天员桂海潮的故事感动和鼓舞了许多人。少时的航天梦,激励着桂海潮越飞越高。从以优异成绩考上北京航空航天大学,到成为宇航学院的一名副教授,再到成为我国执行载人飞行任务的首个载荷专家,桂海潮追梦圆梦的人生经历,生动印证着"立鸿鹄志,做奋斗者"这句话。(邹翔《立鸿鹄志,做奋斗者》)

(2) 富兰克林把这次拜访得到的教导看成是一生最大的收获,并把它列为一生的生活准则之一。富兰克林从这一准则中受益终生,后来,他功勋卓越,成为一代伟人。(学科网《学会低头更能出头》)

例(1)中共有三个句子,它们中都有一个"桂海潮",第一个"桂海潮"是先行语,后面的两个都是这个先行语的照应语。例(2)中,前句的先行语是专有名词"富兰克林",后句的"富兰克林"是照应语。

6.1.1.2 先行语是专有名词,照应语是代词(短语)

(3) 巴黎奥运会上,跳水运动员全红婵多次摆出一个"拿捏"手势,意思是稳操胜券、十拿九稳。她也果然不负众望,夺得跳水女子双人 10 米台、女子单人 10 米台两项冠军。(陈鲁民、程中汉《"拿捏"的背后》)

(4) 贝多芬双目失明且耳聋,但他依然写出了《英雄》《命运》等大量音乐
作品,在人生的不幸中,他顽强地扼住了"命运的咽喉"。(学科网《不
经历风雨怎能见彩虹》)

例(3)中,先行语是专有名词"全红婵",后一个句子中代词"她"是照应语。
例(4)中,句子中有两个"他",都是照应语,它们的先行语都是专有名词"贝
多芬"。

6.1.1.3　先行语是专有名词,照应语是零形式

(5) 贝多芬写《合唱交响曲》用了 39 年的时间,Ø 最终将无数次的灵感串
联成了旷世佳作。(学科网《不经历风雨怎能见彩虹》)

(6) 越王勾践为了灭吴受了多少年的凌辱,Ø 尝了多少年的胆。(学科网
《欲速则不达》)

例(5)中,先行语是专有名词"贝多芬",后一小句的照应语是零形式;例
(6)中,先行语是专有名词"越王勾践",后一小句的照应语也是零形式。

6.1.2　先行语是普通名词

6.1.2.1　先行语是普通名词(短语),照应语是普通名词(短语)

(7) 从促进生物多样性的角度来说,啄木鸟发挥着重要的积极作用。啄
木鸟属于初级洞巢鸟,自己开凿树洞并在洞内繁殖。(学科网《啄木
鸟真的是益鸟》)

(8) 在地方新规和法规的引导下,企业也积极投身环保行动中来。越来
越多的企业加大环保技术研发和应用,积极实施清洁生产,以企业行
动践行生态文明理念。(修竹书笙《禁渔 5 年鱼满为患,草海已经成
为"秃海"! 长江是否会重蹈覆辙?》)

例(7)中,先行语是"啄木鸟",后句中的照应语也是"啄木鸟";例(8)中,先
行语是"企业",后句中的照应语是"越来越多的企业"。

6.1.2.2　先行语是普通名词(短语),照应语是代词(短语)

(9) 在这次的中美贸易战中,有一些东南亚国家因为中国的产业转移而
得到了好处,但这个好处也只是临时的,如果中美公开对抗,没有一
个国家是会受益的。(郑永年《减少中美贸易依存度也有好处》)

(10) 至于坐不住的人,只要下决心坐下来,很快就能养成习惯。这种人

的毛病最轻、最好治。（马南邨《不要空喊读书》）

例（9）中，先行语是"好处"，后小句中的"这个好处"是一个代词短语，是照应语。例（10）中，先行语是名词性短语"坐不住的人"，中心词是普通名词"人"，后一句子中的代词短语"这种人"是照应语。

6.1.2.3 先行语是普通名词（短语），照应语是零形式

（11）<u>灾难</u>埋伏在我们前进的拐弯处，∅ 不知何时会突袭我们。（毕淑敏《通话中的苦难》）

（12）但近日，<u>一篇宣称啄木鸟的啄木行为破坏树木、加速树木死亡的自媒体文章</u>广泛传播，∅ 称啄木鸟绝非益鸟。（学科网《啄木鸟真的是益鸟》）

例（11）中，先行语是"灾难"，后续小句照应语是零形式，所指也为"灾难"。例（12）中，先行语是画线部分，其中心词是"文章"，第二个小句的照应语是零形式，其语义所指是画线部分。

6.1.3 先行语是代词（短语）

6.1.3.1 先行语是代词（短语），照应语是代词（短语）

（13）<u>他</u>敏锐地感觉到这里面将有料可挖，选题会上<u>他</u>提出了作为"卧底"暗访富士康的想法。（学科网《学会低头更能出头》）

例（13）中，先行语是代词"他"，照应语也是代词"他"，是同样的形式。

6.1.3.2 先行语是代词（短语），照应语是零形式

（14）（耐心就是不急躁、不厌烦，）<u>它</u>既是一种性格，∅ 也是一种品格，∅ 是"高尚的秉性"，∅ 能够成就事业，∅ 更成就人生。（学科网《耐心成就人生之美》）

（15）（这就证明了一个铁一般冷酷的事实——苦难的降临是不以人的善良意志为转移的。）<u>它</u>就像空气一样，∅ 围绕着成人，∅ 也围绕着未成年人。（毕淑敏《童话中的苦难》）

例（14）中，"它"作为照应语，与前小句中的"耐心"同指，同时其又是后面小句中零形式照应语的先行语。例（15）中，"它"的所指为"苦难"，是先行语，照应语是后面两个小句中的零形式。

6.1.4　先行语是谓词性成分

6.1.4.1　先行语是谓词性成分,照应语是谓词性成分

(16) 写读书笔记可以有效避免"健忘"。我们通过摘录、思考、批判、复用、创造等形式,产生了"阅读的痕迹",写读书笔记可以把这些"痕迹"转化为记忆组块,帮助我们重现识记内容,延长记忆。(学科网《读书与笔记》)

例(16)中,第一个"写读书笔记"是一个动宾短语,是谓词性成分作先行语,第二个句子中的"写读书笔记"照应了前一个句子中的这个成分。有的时候,照应语是以这个谓词性成分为中心的名词性短语。如:

(17) 这样说来,陶渊明主张读书要会意,而真正的会意又很不容易,所以只好说不求甚解了。(马南邨《不求甚解》)

例(17)中,第一个"会意"是一个动词,其前出现了助动词"要",而第二个小句中"真正的会意"虽然是以"会意"为中心,但短语中有名词性的标记词"的",所以是一个名词性成分。

6.1.4.2　先行语是谓词性成分,照应语是代词(短语)

这类用法主要有三种情况。

第一,先行语是动词性短语,照应语是代词短语。如:

(18) 有人在背后嘲笑他,说他不懂礼仪,什么都要问。孔子听到这些议论后说:"对于不懂的事,问个明白,这正是我要求知礼的表现啊。"(学科网《心态决定命运》)

(19) "每临大事有静气。"中国的这一古训,早已沉淀为中华民族的精神和文化基因。(学科网《每临大事有静气》)

例(18)中,先行语是"不懂礼仪,什么都要问",照应语是"(这些)议论";例(19)中,先行语是"每临大事有静气",照应语是"(这一)古训"。

第二,先行语是一个动词,照应语是"它(们)"。如:

(20) 有时候,低头是一种能力,更是一种境界,它不是自卑,也不是怯弱,它是清醒中的嬗变。(学科网《学会低头更能出头》)

例(20)中,先行语是动词"低头",后续小句中有两个"它",都是它的照

应语。

第三,先行语是小句,照应语是指示代词"这"。如:

(21) 一定要好读书,这才有起码的发言权。(马南邨《不求甚解》)

(22) 史铁生摔了一跤,没有了双腿,这对任何人来说都是沉重的打击。
（学科网《不经历风雨怎能见彩虹》）

(23) 宋代理学家陆象山的语录中说:"读书且平平读,未晓处且放过,不
必太滞。"这也是不因小失大的意思。(马南邨《不求甚解》)

例(21)中,先行语是"好读书",照应语是"这";例(22)中,先行语是"摔了
一跤,没有了双腿",照应语是"这";例(23)中,先行语是"读书且平平读,未晓
处且放过,不必太滞",照应语也是"这"。有的时候,也可能用"之"作为照应
语。如:

(24) 不久,一系列在全国影响深刻的报道《潜伏富士康 28 天手记》登在了
《南方周末》的头版头条,21 岁的刘志毅也随之名声大噪,被评为年
"十大风云学子"之一。(学科网《学会低头更能出头》)

例(24)中,"之"作为照应语,所指为前面画线的小句所陈述的内容,实现
前后两个小句的衔接。"这样"也经常作为谓词性短语的照应语。如:

(25) 当然,这也不是说,读书可以马马虎虎,很不认真。绝对不应该这
样。(马南邨《不求甚解》)

(26) 以前我们太理想化了,总觉得自由贸易是天经地义的,一定会存在
的,我们向世界市场进行采购就可以了。
但现在看来,这样是不行的。（郑永年《减少中美贸易依存度也有
好处》）

"这样"在语篇中作为照应语,一般所指为谓词性成分。如例(25)中,先行
语为"读书可以马马虎虎,很不认真",第二句中的"这样"为照应语;例(26)中
先行语是前面一个句子画线部分,第二个段落中的"这样"是照应语。

第四,先行语是动词或形容词,照应语是零形式。如:

(27) 做人要有骨气,Ø 不可有傲气,但做事不可能总是仰着高贵的头。
（学科网《学会低头更能出头》）

(28) 专注是一种做事态度和行为习惯,Ø 是我们成就事业的重要保证。
（学科网《让专注成为一种战斗力》）

例(27)、例(28)中,先行语分别是动词"做人"和形容词"专注",后句照应语都是零形式。多数情况下,谓词性成分作为先行语时是短语或者小句。如:

(29) 啄木鸟的啄洞虽然会为某些病菌、害虫的滋生提供入口,但是,一般来说,∅不会导致树木死亡。(学科网《啄木鸟真的是益鸟》)

(30) 过去,非正常结束一个人的生命,可能需要一把利刃。而在数字化生存的今天,一个诋毁、谣言或许就已足够∅。(学科网《善用法律武器　远离网络暴力伤害》)

例(29)、例(30)中,先行语是画线部分,都是小句或者谓词性短语。例(29)中"导致树木死亡"的对象就是前面画线的小句。例(30)中,"足够"后是零形式,如果补出相关内容,就是"非正常结束一个人的生命"。

6.1.5　小句与句子之间衔接方式的选择性差异

从小句和句子之间的衔接情况看,照应语的选择倾向有一定的差异,我们选择了 11 000 多字的观点类语体中,标注和统计的结果数据如表 6 - 1。

表 6 - 1　观点类语体中小句和句子衔接方式的选择性差异

衔接方式	名词(个)	占比(%)	代名词(个)	占比(%)	零形式(个)	占比(%)	代谓词(个)	占比(%)
小句	13	9.6	24	17.8	98	72.6	0	0
句子	85	44	60	31	8	4	40	20.7

从表 6 - 1 可以看出,在小句层面不同照应语的出现频率高低为零形式>代名词>名词,而句子层面为:名词>代名词>代谓词>零形式。表明在小句层面,零形式作为照应语是最主要的衔接方式,而在句子层面,名词作为照应语是最主要的衔接方式。

6.2　观点类语体中衔接方式的句法考察

6.2.1　先行语是主语,照应语是主语

(31) 挫折是人生的一笔财富,∅是促使你成功的一剂良药,不经历风雨

的花儿,怎么会绚烂?（学科网《不经历风雨怎能见彩虹》）

（32）有时候,<u>低头</u>是一种能力,∅更是一种境界,<u>它</u>不是自卑,∅也不是怯弱,∅是清醒中的嬗变。（学科网《学会低头更能出头》）

例(31)中,"挫折"是先行语,是所在小句的主语,后续小句的照应语是零形式,这个零形式在主语位置上。例(32)中,先行语是"低头",也是所在小句的主语,其后小句中的零形式以及第三个小句中的"它"是其照应语,都在主语位置。有的时候,照应语是在做定语的小句的主语位置。如:

（33）作为<u>实习记者</u>,稿件水平将是<u>他们</u>毕业后能顺利进入这家媒体工作最有力通行证。（学科网《学会低头更能出头》）

例(33)中先行语"实习记者"是"作为"的宾语,后句中"他们毕业后能顺利进入这家媒体工作"是定语小句,照应语"他们"是这个定语小句的主语。

6.2.2　先行语是宾语,照应语是主语

（34）这些都是<u>曾经摔过跤的人</u>,但<u>他们</u>却都坚强地站了起来,与命运、与不幸抗争,最终取得了巨大的成功。（学科网《不经历风雨怎能见彩虹》）

（35）一定意义上说,小说家都是<u>生活的专家</u>。照沈从文先生的说法,<u>专家</u>就是有常识的人。（麦家《好小说,永远在讲好人的故事》）

例(34)中,第一个小句中的先行语是宾语"曾经摔过跤的人",第二个小句中的照应语是其主语"他们";例(35)中,第一个小句中的先行语是"生活的专家",第二个句子中的照应语是其主语"专家"。

6.3　与观点类语体衔接方式选择性相关的几个问题

6.3.1　观点的类别与衔接方式的选择性

在观点类语篇中,观点主要有两种情况,一是直接陈述自己的观点,并证明其合理性,可以看作立论;二是反驳别人的观点,即驳论。观点的类别不同,所选择的衔接方式也可能有差异。

第一种情况,通常通过叙事或者交代前提情况后表明自己的观点,第二种通常是在引述他人观点的前提下表明自己的观点。前一种情况下,可以直接提出自己的观点,也可以在叙事、引用名言、分析现状、介绍背景等基础上提出观点,提出观点的方式不同,先行语的出现方式以及照应语的选择也有差异,这与语体风格相关。比如通过叙事引出观点的,通常选择与叙事类语体相同的衔接方式;引用名言的,通常选择专有名词相关的引入方式。当然,也可能直接提出观点。如:

(36) ① 到过农村的人常发现这样一种农事现象:农民们对刚出土的青苗要进行碾压。② 开始人们觉得 Ø 不可思议,甚至认为对柔嫩的幼苗采取如此高压手段,Ø 似乎近于残酷。③ 后来有经验的老农告诉我们,碾压青苗恰恰是为了能让青苗长得更好!(学科网《假如人生没有磨难》)

(37) "积善之家,必有余庆;积不善之家,必有余殃。"《易经》中的这句名言影响极为深远。(马军《勿以善小而不为》)

(38) 一个女人一旦做了母亲,便会爱自己最爱的人,然后辜负最爱自己的人。(学科网《母爱是一场重复的辜负》)

例(36)是通过叙事引出观点,先用"到过农村的人"实现外指,再引出"农事现象",句子②中用零形式作为"农事现象"的照应语,句子③中用"碾压青苗"作为"农事现象"的照应语,最后引出观点。这个语篇中"农事现象"是实现衔接的核心,选择的具体照应语有零形式、相关的短语等;例(37)通过引用名言的方式引出观点,这句话可能有些读者不明白出处,所以后用专名"易经"表明来源;例(38)这个语篇的题目就是《母爱是一场重复的辜负》,用"一个女人"引出"母亲",再引出观点。

第二种情况下,如果观点与多数观点或者主流观点不一致,则可能直接引出观点。常见的是先引出被反驳的观点,方式一般是先引入持观点的人,通过这个人物引出其相关观点。如:

(39) 一般人常常以为,对任何问题不求甚解都是不好的。其实 Ø 也不尽然。我们虽然不必提倡不求甚解的态度,但是,盲目地反对不求甚解的态度同样没有充分的理由。(学科网《不求甚解》)

例(39)中,先直接提出"一般人"的看法,然后用"也不尽然"来否定这一观点,后续表明观点的句子都用"不求甚解"来衔接。

6.3.2 语义相关与衔接方式的选择

在观点类语篇中,有的时候衔接的依赖性并不体现为同形或部分同形的衔接,而是选择一些语义相关的词语形式。它们共同形成一个语义域,通过这个域实现衔接。如:

(40) 中国从两位数的经济增长到现在的 6%,平稳的下行对自己和整个世界都是有好处的。(郑永年《减少中美贸易依存度也有好处》)

例(40)中,第一小句说的是经济增长速度,后一小句中并没有与第一小句同形的部分,但作为语篇来说,它们是连贯的,后句中"平稳的下行"是对第一小句的解读。它们都是经济学领域的词汇,虽然不同形,但是也实现了衔接。在观点语篇中,这类衔接比较多。

总起来看,与名词性成分相关的语义域主要有几种情况。

第一,具有并列关系的成分实现衔接。如:

(41) 对于脆弱的湿地,可以建立禁渔区或限渔区,定期放流,防止渔业资源枯竭。对于湖泊内陆水域,可以允许地方渔民适量捕鱼,控制鱼类数量。对于江河流域,则需要综合管理河道,改善水质污染,保护江豚等珍稀动物。(修竹书笙《禁渔 5 年鱼满为患,草海已经成为"秃海"! 长江是否会重蹈覆辙?》)

例(41)中,整个语篇是连贯的,"脆弱的湿地""湖泊内陆水域""江河流域"是几个并列关系的成分,属于不同的地貌或地质类型。它们都在同一个认知域内,所以是衔接的。

第二,具有顺序关系的指称性成分实现衔接。如:

(42) 如果某区域没有初级洞巢鸟,那么次级洞巢鸟也很可能消失。(学科网《啄木鸟真的是益鸟》)

在例(42)这个语篇中,有衔接词"如果""那么"加强衔接,但是即使没有衔接词,也是衔接的,"某区域没有初级洞巢鸟,次级洞巢鸟也很可能消失"。两个小句中的"初级洞巢鸟"和"次级洞巢鸟"具有顺序关系,它们是直接相关的,自然实现了衔接。

第三,具有同义关系的成分实现衔接。如:

(43) 试看历史长河,成大事者,没有经历挫折的少矣;昔日<u>高祖</u>,不过一介小吏,却开创了汉的四百年的基业;<u>太史令</u>身受官刑,但其志不摧,一曲无韵离骚,足以让后人叹绝千古;<u>东坡</u>被贬黄洲,大江东去,浪淘尽,千古风流人物谁人不知,谁人不晓?(学科网《成功需要挫折》)

例(43)中,"高祖""太史令""(苏)东坡"之间没有直接的关系,但是他们在"经历挫折并且获得成功"方面都有相同的经历,所以在这个具体的语境中具有了临时的同义关系,从而实现了衔接。

第四,具有相对关系的成分实现衔接。如:

(44) 经验证明,有许多书看<u>一遍两遍</u>还不懂得,读<u>三遍四遍</u>就懂得了;或者一本书读了<u>前面</u>有许多不懂的地方,读到<u>后面</u>才豁然贯通;有的书<u>昨天</u>看不懂,<u>过些日子</u>再看才懂得;也有的似乎已经看懂了,其实<u>不大懂</u>,后来有了一些实际知识,才<u>真正懂得</u>它的意思。(学科网《不求甚解》)

例(44)中,有两重相对关系,一是各分号所辖小句之间的关系;二是各分号内部的相对关系:一遍两遍—三遍四遍、前面—后面、昨天—过些日子、不大懂—真正懂,它们之间的总顺序都是从"不大懂"到"懂得",所以读起来也是连贯的,就是这种相对关系实现的衔接。

除了名词性成分以外,谓词性成分也可能在同一个语义域中,从而实现衔接。如:

(45) 如果监测发现某类鱼类出现<u>过度繁殖</u>的趋势,可以适当放开对该类鱼的捕捞;如果发现某种植被<u>面临枯竭</u>,则应该快速制定保护措施。(修竹书笙《禁渔 5 年鱼满为患,草海已经成为"秃海",长江是否会重蹈覆辙?》)

例(45)中,第一个小句中"出现过度繁殖"与后一个小句中"面临枯竭"是相对关系,因此可以实现衔接。

6.3.3　中心句与衔接方式的选择性

在观点类语篇中,有的段落常有中心句,语篇通常以中心句为核心选择衔接方式组构语篇。如:

(46) **一是运输方式与物流路径的变化,将推动贸易分销体系的重大变革。**<u>过去靠海洋运输组织出口贸易,一般需要经过<u>七八个环节</u>,而中欧铁路的开通将<u>这种贸易环节</u>进行了压缩,内陆的企业只需要把货运到<u>火车</u>上,<u>火车</u>点对点就可以开到欧洲的工厂附近。贸易环节<u>一压缩</u>,那么贸易的分销和成本都发生了<u>深刻变化</u>,<u>这</u>是中欧铁路目前在中西部地区带来的实际变化。(黄奇帆《"一带一路"重构亚欧大陆的运输版图》)

(47) **三是有助于形成陆路贸易规则和标准体系**。过去几百年间,全球贸易以海洋运输为主导,形成了<u>以海洋为基础的海洋贸易规则和标准体系</u>。如今,中欧班列的开行,为陆路贸易规则和标准的探索和实践提供了重要的试验平台。(黄奇帆《"一带一路"重构亚欧大陆的运输版图》)

例(46)中,中心句是"推动分销体系的重大变革",关键词是"分销体系"和"变革",所以组构语篇时,从以前说起,选择了"过去"外指,与客观世界联系起来,再到"(销售的)七八个环节",再到"(压缩)这种贸易环节"——火车(点对点)——(压缩环节)深刻变化,整个语篇围绕中心句选择相关名词性成分作为先行语和照应语实现衔接。例(47)中,关键词是"陆路",从"海洋运输"说起,选择"过去几百年间"外指,引出"海洋贸易规则和标准体系",后句中,用"如今"外指,并将观点引到中心句中的"陆路贸易规则和标准",整个语篇也是选择与"规则"和"体系"相关的词语实现衔接。

6.3.4　观点类叙事与叙事类叙事的差异

在观点类语篇中,经常会有一些叙事类的内容,一般来说,其叙事的方式与一般叙事语篇存在一定的差异。如:

(48) 原来,巨型广告牌所用的<u>塑胶布</u>由于面积巨大,兜住了从山坳里吹来的<u>风</u>,<u>风</u>撞在<u>布</u>上,不是拼命地啃噬<u>广告牌</u>,便是疯狂地撕扯<u>它</u>,两个月下来,<u>塑胶布</u>便被撕成条条丝丝的百褶裙模样。一般的足球赛事长达半年才能完成,因此,足球馆每两个月就不得不重新以不菲的价格去更换<u>广告牌</u>,费事费力又费钱。有人便出了一个主意,在<u>广告牌</u>上给风留"出口"。(杨德振《给风留"出口"》)

例(48)中,是通过叙事的方式说明"给风留出口"的缘起,与一般叙事常用主体衔接不同,这个语篇中既没有出现主体,也没有出现观察者,而是以"广告牌"为核心组织语篇,衔接方式分别为:(广告牌)塑料布—风—布—(啃噬广告牌、撕扯它)—塑料布—(更换)广告牌—广告牌(留风口)。由此可以看出,观点类语篇中的叙事凸显的是"事",不一定以"人"为中心组构语篇,选择的衔接方式自然存在差异。

有的时候,叙事时赋予无生命体一定的主动性。如:

> (49) 对于这个问题不必发愁。自古以来,已经有一位最公正的<u>评选家</u>,有许多推荐者向它推荐好书。<u>这个评选家就是时间</u>,<u>这些推荐者就是群众</u>。<u>历来的群众</u>,把他们认为有价值的书,推荐给时间。<u>时间照着他们的推荐</u>,<u>Ø 将那些没有永久价值的书都刷下去了</u>,<u>Ø 把那些有永久价值的书流传下来</u>。(冯友兰《谈读书经验》)

例(49)中"时间"是无生的,但是在语篇中,"时间"似乎成了一个有生体,在做着自己的事情。语篇中的画线部分,是借用叙事的方式表达观点。

实际上与此相关的,就是有些叙事的小句中没有出现主语,即无主句。而且有些无主句的主语,只是在语义上存在,句法上很难补出来。如:

> (50) 对新事物不懂,这没关系;不懂就看不惯,还要骂人,就不对了。(竹里《善用法律武器　远离网络暴力伤害》)

> (51) 人工智能时代需要鼓励创新,拥抱技术进步,同时也需要深思:人们对技术的使用方式决定了其作用的性质。(马雷《AI 易容术来了:变脸日益平民化　我们准备好了吗》)

例(50)中,"不懂""看不惯""骂人"等都可能是事件,但是在这里,陈述的是假设的情况,所以主语可以不出现。这类表达中,如果出现主语,只能是虚指用法的"你",而且如果第一个小句使用了,第二个小句也必须使用。例(51)中,"鼓励""拥抱""深思"等,它们的施事都应该是"人",但在语篇中没有出现。这类用法也可以看作零形式与零形式的衔接,谓语的内容是相关的。

6.4　小　　结

本章主要考察了观点类语篇衔接方式的选择性,由于表达观点的方式多种多样,其依赖性衔接方式也是多种多样的。从先行语和照应语的情况看,主要是依据所表达的观点进行选择的,很少有先行语一直贯穿整个语篇。从影响因素方面看,观点的类别、先行语与照应语的语义关系、中心句等都影响衔接方式的选择。这类语体中的叙事与常规叙事在方式和重点上存在一定的差异,衔接方式也有一定区别。

3 第三部分

衔接词的语体选择性

第七章 衔接词与语篇的组构

在汉语的语篇中,经常会出现如例(1)的用法。

(1) 张三学习好,但是 Ø 身体不好。

　　张三学习好,只是 Ø 身体不好。

从依赖性角度看,以上两个句子中的先行语都是"张三",照应语都是零形式,从前几章的分析可知,本例后一句中零形式的所指依赖于前一小句,它们是衔接的。同时,以上例子的后续小句中含有"但""只是"等,一般也将它们看作这两个小句衔接的方式。需要讨论的问题是,在以上两个句子中,指示语是衔接的方式,衔接词也是,为什么选择两种? 它们之间的关系如何?

从语篇衔接的角度看,衔接词的选择与语篇连贯的关系密切,以下从两者关系出发,讨论衔接词的选择问题。

7.1 语篇的连贯与衔接

7.1.1 语篇连贯的含义

语篇连贯是衡量语篇的完整性、一致性,甚至整体完好性和质量的标准(张德禄,2003:前言)。韩礼德和哈桑(1976)认为:"语篇是一个在两个方面都连贯的话语片段。在情景语境方面是连贯的,所以具有语域一致性;它自身是连贯的,所以是衔接的。两个条件中的任何一种自身都是不充足的,一种也没有必要蕴涵另一种。"(参见张德禄,2003:26)朱永生、严世清(2001)指出:"连贯指的是话语内不同组成部分之间在意义上的联系……只要受话者的理解能把讲话者的讲话前后联系起来即觉得讲得通,就可以认为话语前后是连贯的。"

具体地说,就是一个语篇必须满足两方面条件,一是所言是同一个语域的,二是它们之间有衔接关系。根据韩礼德(1985)所述,语域是个语义概念,它可以定义为一个通常与话语范围、话语基调、话语方式所组成的情景构型相联系的意义构型。比如在大会致辞时不会说:"女士们、先生们:你们好呀",因为前面的称呼语"女士们、先生们"是在正式场合使用的,但"你们好呀"是日常打招呼的口语用法,它们属于不同语域的用法,一般不在一起构成语篇。还有些是话语所谈内容不在同一个范围,也可能不连贯。如:

(2) a. *他喜欢打篮球。那儿的空气真好!

   b. 他喜欢打篮球,每周都去打一次。

(3) a. ?他喜欢打篮球,(他)天天都太忙了。

   b. 他喜欢打篮球,但他天天都太忙了(打不了)。

例(2)中,(2)a 前一小句说的是"他"的情况,后句说的是"那儿的空气",而且两者之间的关系不明确,所以不连贯;例(2)b 中前后小句都与"打篮球"相关,是连贯的。例(3)a 中,a 前一小句说的是爱好,后一小句是日常情况,尽管两个小句的主语同指,但仍不连贯;例(3)b 中,用了"但"之后,提示后句意思是转折,比较容易理解为说明"打不了"的原因,就连贯了。例(3)b 之所以连贯,是使用了关联词语"但",显化了前后句的关系,把它们的内容关联起来了。

7.1.2　衔接与连贯是不同层面的概念

多数学者把衔接看作是语篇的表层结构关系,而连贯则是语篇深层的语义或功能关系。也就是说,语篇的衔接是通过词汇和语法等表层结构形式实现的,而连贯则是通过句子或语段(utterance)之间的语义或功能关系实现的。(苗兴伟,1998)

从意义的角度讲,语篇连贯表示概念意义和人际意义都形成了一个统一的整体,并且在语境中行使交际功能(张德禄,2005)。朱永生(1997)认为,连贯是一个语义概念,它指的是话语内不同组成部分之间在意义上的联系,具体表现在两个方面:一是话语内不同组成部分所表达的命题彼此相关;二是话语内不同组成部分所表达的言外之意彼此相关。

衔接指语篇中的小句或句子、段落间具有依赖性或相关性。衔接的手段是指称、替代、零形式等,通过在不同的句法层面使用这些形式实现衔接,所以它们既是句法层面的,又是语义层面的,比如"替代"需要在语义上具有一致性或相关性等,也就是以句法层面的形式作为载体,在语义层面实现衔接,所以"衔接"属于句法—语义层面。"连贯"则要求语义具有相关性,同时还包括在具体的语境中能不能传递明确信息、实现交际任务等,所以它是语义—语用层面的。另外也有学者,如格恩斯巴彻(Gernsbacher)和吉文(Givon,1995)等认为,连贯性是一种心理现象(mental phenomenon),而不是语篇或社会语境的特点(参见苗兴伟,1998)。总的来看,衔接与连贯在语义层面存在交叉点,但它们是在不同层面起作用的。

综上所述,黄国文(1988)、胡壮麟(1994)、朱永生(2001)、张德禄(2004)等关于衔接与连贯关系的讨论大致可归为三点:第一,衔接手段是语篇连贯的重要条件,但语言形式上的衔接未必能导致语义上的连贯;第二,语篇连贯是话语与语境因素交互作用的结果,交际时它们在社会文化语境或情景语境下体现于语用预设和推理之中;第三,语篇的连贯是一种心理表征,是交际双方在一定的认知语境中心理互动的结果(参见王肖丹,2006)。

7.1.3　连贯的语篇不一定需要显性衔接手段

范戴克(Teun A. Van Dijk)和金茨(Walter Kintsch,1983)认为连贯分为语体连贯(stylistic coherence)和语用连贯(pragmatic coherence)。语体连贯指的是言者或语篇在同一种语域;语用连贯指的是言语行为序列的连贯关系,即语篇在语言功能上的连贯性。语域的一致性是衔接的一个基本要求,一般关于衔接与连贯关系的研究都是讨论如何通过衔接手段实现连贯。

那么连贯的语篇是不是一定需要衔接手段呢?关于这一点,有多种观点。其中一种是连贯的语篇必须是衔接的,即衔接是连贯的必要条件。如韩礼德和哈桑(1976、1985)始终把衔接作为连贯的必要条件,并指出衔接是建筑连贯大厦的基石(1985:94)(参见苗兴伟,1998)。我们认为,讨论连贯的是不是衔接的,首先需要界定衔接的范围,如果把显性衔接和隐性衔接都看作衔接的话,那么可以说连贯的语篇必须是衔接的。但是如果只讨论连贯与显性衔接之间的关系,那么连贯的语篇不一定需要衔接手段。劳允栋(2004)指出:"谈话语段之间或文章句子之间在意义上的顺理成章的关系。有时虽然没有语法或词汇的联系,但一定的共同认识可形成连贯性。"

从上述观点可以看出,连贯的都是衔接的,但不一定需要显性的衔接手段,没有显性衔接手段的常由语境补充相关信息,也就是通过隐性衔接手段实现连贯。如:

(4)已经九点钟了,你回家吧。

(5) 天气预报说有暴雨,他马上回家了。

例(4)中,"九点钟"提供了时间信息,虽然前后句没有显性手段衔接,但它们是连贯的。例(5)"天气预报说有暴雨"是说明"他马上回家了"的原因,这里提供的时间和原因都是背景信息,但也是连贯的。

7.1.4 衔接的语篇不一定是连贯的

恩奎斯特(Enkvist,1978)认为,衔接并不能保证语篇的连贯。例如,下面这段文字中充满了衔接,但它却不是一个连贯的语篇。

(6) I bought a Ford. The car in which President Wilson rode down the Chaps Elysees was black. Black English has been widely discussed. The discussions between the presidents ended last week. A week has seven days. Every day I feed my cat. Cats have four legs. The cat is on the mat. Mat has three letters. (我买了一辆福特。威尔逊总统乘坐穿过香榭丽舍的那辆车是黑色的。黑人英语已被广泛讨论。总统之间的讨论于上周结束。一周有七天。我每天喂我的猫。猫有四条腿。猫在垫子上。垫子上有三个字母。)(恩奎斯特,1978:110)

例(6)中,前后句都有一定的相关性,如"① Ford(福特)—② The car(那辆车)→ black(黑色)—③ Black(黑色)→ discussed(讨论)—④ The discussions(讨论)→ last week(上周)—⑤ A week(一周)→seven days(七天)—⑥ Every day(每天)→my cat(我的猫)—⑦ Cats(猫)—⑧ The cat(猫)→ the mat(垫子)—⑨ Mat(垫子)。"

从上例可知,虽然前后句中全都使用了一定的手段进行衔接,但因为整个语篇所表示的意义不明,所以是不连贯的,连贯还要求语义的相关性。再如:

(7) 我不喜欢蛇,我觉得蛇是可怕和危险的动物。我喜欢吃面条、炒饭、猪肉、鱼肉和搅拌炒。(北京语言大学 HSK 中介语语料库)

这个句子中,三个小句中都有"我",前后是衔接的,但是读者看下来并不清楚言者想表达的是什么意思。因为前句说的是自己不喜欢什么动物,后句说的是自己喜欢吃什么,"喜欢什么动物"和"喜欢吃什么"不是一个语域的,语义上没有直接的相关性,所以前后不连贯。

7.1.5　合适的衔接手段能增加语篇的连贯度

韩礼德(1976)指出:"对语篇连贯的重要贡献来自衔接:(它们是)每个语言都具有的,把语篇的这一部分与那一部分联系起来的语言资源。"黛安·布莱克默(Diane Blakemore, 1992)认为,连贯性产生于听者在话语的理解过程中对关联性的寻求,而衔接手段的目的在于制约话语的关联方式,从而减少听话者在对关联性的寻求过程中所付出的认知努力(参见苗兴伟,1998)。如:

(8) 我小时候,母亲去工作,也没有时间照顾我和姐姐,她就像是第二个妈妈。(北京语言大学 HSK 中介语语料库)

(9) ① 今年的中秋节,我有了七个月饼的礼物。② 刚来中国的时候,谁也不给我月饼,我也不给谁,因为我谁也不认识。③ 现在我交了很多好朋友,所以,我感谢我的朋友们。(北京语言大学 HSK 中介语语料库)

例(8)中是一个留学生写他家保姆,这段话看起来不太连贯,因为"也没有时间照顾我和姐姐"中的"也",使得句子的语义关系变得比较模糊。如果将其去掉,后句句首加上"所以",句子的语义关系便明晰了。例(9)中,①和②之间缺乏衔接,可以加上"但是",③中的"所以"也缺乏关联项,需要加上与第一句衔接的内容"它们送给我月饼作为礼物",这样表达就更加连贯了。语篇可以修改如下:

(9)′ 今年的中秋节,我有了七个月饼的礼物。但是刚来中国的时候,谁也不给我月饼,我也不给谁,因为我谁也不认识。现在我交了很多好朋友,它们送给我月饼礼物。所以,我感谢他们。

当然,不恰当地使用连接词语,也会影响语篇的连贯性。如:

(10) 学会一种外语是一个艰难的过程,而学习汉语,世界上最悠久的象形文字之一,就需要学者下更大的功夫。然而,我曾经遇见很多外国朋友,他们的汉语能力都非常不错。(北京语言大学 HSK 中介语语料库)

例(10)中使用了"然而",但从上下文看,它们之间并没有转折关系,所以这里的连接词反而减弱了语篇的连贯性。

7.2　语篇的层次性与衔接

7.2.1　衔接的层次性与连贯性

从上文的讨论可以看出,衔接与连贯的关系比较复杂,实际上还与衔接具有层次性相关。胡壮麟(1996)提出了衔接理论的层次性,认为其最上层,是社会符号层,包括语境和语用学;中间是语义层,除及物性外,有逻辑连接和语篇结构,第三层次为结构层,包括结构衔接和主位结构。

邢欣(2007)也认为语篇有三个层次,第一个层次是从语用角度入手对语篇的层级分析,含有多种标记的衔接语,包括元话语、话语标记、语用标记等衔接语,这一层体现了语篇的关联功能;第二个层次是从语义信息角度构成的层次,为语义语篇,包含语义衔接手段,如指称、回指、省略、重复、同义共指、时间、处所等,这一层体现语篇的信息命题含义;第三个层次是语法层,可以分析为超段、段落、句群、复句、单句等,主要分析语法句之间的结构关系。

从衔接的方式看,我们前面讨论的与指示相关的衔接主要是语义衔接手段,在这个层次之上还有语用层的衔接,其以语义层的衔接为基础。有的小句或者句子之间,即使在语义层有衔接的成分,也不能在语用层构成语篇。如:

(11) 小王做的菜很好吃。小王明天去徐家汇。

(12) 他天天锻炼身体。他的衬衫很好看。

以上两个例子中,虽然小句部分都有同指部分"小王""他",但是不能构成一个语篇。如:

(11)′*小王做的菜很好吃,明天去徐家汇。

(12)′*他天天锻炼身体,衬衫很好看。

这主要是因为前后小句的内容不在一个语域内,一般情况下无法在语用衔接层将其与语境关联起来。

从语篇组构的角度看,可将衔接看成两个层次,一是静态的,衔接方式在小句或者句子内部;二是动态的,衔接方式在外部,不属于小句或句子内部的句法成分。选择不同的衔接方式,即使衔接的对象[小句或句子,如本章的例

（1）和（2）等］相同，组构成的语篇也会因为其传递信息的不同而不同。

7.2.2　语用层的衔接与连贯

耶夫·维索尔伦（Jef Verschueren，1999）指出，语言使用者在做出语言选择之前，总会自觉不自觉地根据语境和交际目的的需要从不同的角度多方面地考虑选择什么样的语言表现形式才能有效地实现自己的交际目的，并对它们做出相应的协商和调整，最后做出适当的语言选择，这整个过程都是在大脑中做出的，属于意识的范畴，又由于它发生在做出语言选择之前，亦即存在于语言使用这一层面之上。耶夫·维索尔伦（1999、2000）将其称为"元语用意识"。元语用意识对语言选择的指导和调控作用最终会在语用层面上得到表现（参见吴亚欣，2003）。

在语篇组构的过程中，体现元语用意识的主要是话语标记语。在这个过程中，也常常使用话语标记语进行衔接。因为话语标记语将听话人引向说话人所期待的语境和语境效果，从而对听话人的话语理解过程进行制约（冉永平，2000）。

从衔接和连贯的角度看，衔接可理解为语义和其语言中表现形式的关系，而连贯则为语义和语境的关系戴维·克里斯特尔（David Crystal，1985）。例（11）、例（12）中提到的几个小句，虽然有衔接方式进行衔接，但是小句之间无法在语境中建立相关性，换句话说，就是不连贯的。所以话语标记语的衔接一方面体现小句或者句子之间的关系，另外一方面将话语与语境联系起来。当后者无法实现时，话语就是不连贯的。

有些话语标记语从表面上看可有可无，与话语之间的关系比较松散。但是，人们使用语言一般会遵守省力原则，也就是付出尽可能小的努力，获得尽可能大的语境效果［斯珀伯（Sperber）和威尔逊（Wilson，1986）］。实际上从读者角度来说，就是增强了语篇的连贯性。

从上述观点可总结出，语用层的话语标记的衔接主要目的有两个：一是明示所衔接的句子或者小句之间的关系；二是明示语篇传递的主要信息。这可以通过下例进一步说明。如：

（13）a. 他身体好，学习好。

　　　 b. 他身体好，学习也好。

　　　 c. 他虽然身体好，<u>但是</u>学习<u>也</u>好。

例(13)a 中,主要是指示语衔接,没有其他衔接方式,传递客观信息;而例(13)b 用"也"衔接,凸显"学习好";例(13)c 中不仅用"也",还用"但是",凸显度更高,这个句子对语境的依赖性更强,主观性也更强。从考察语料的情况看,例(13)c 的用法与语境有更密切的关联性。主要体现在这种用法出现的两种情况:一是后续有进一步的解释,二是这个句子用来解释前面的某种情况或者补充某种信息。如:

(14) 外语教育的普及,有利于他们的国际交往,但是反过来也使人才争夺战国际化。许多"下海"官员,直接流向了操英语的发达工业国家。正因为如此,为了贯彻"贤人治国"的政策,新加坡不得不在许多领域实行看上去有些滑稽的高工资。(1994 年《报刊精选》)

(15) 决战三年,务求必胜。现在看实现这一目标前景良好,充满希望。但是,我们也要看到还存在不少困难。(2000 年《人民日报》)

例(14)中,"但是""也"所在小句"(反过来)使人才争夺国际化"是凸显的信息,其后句主要说明这个"国际化"的问题,否则似乎话没有说完整。例(15)中,其后的语篇主要是说明存在的困难。这类用法与单个衔接词衔接的语篇不同,由于其所在小句的凸显度高,其自足性反而减弱,具有很强的启后性,也就是对语境有更强的依赖性。

7.2.3　衔接方式与语用语篇

邢欣(2007)提出,在语篇中,含有命题信息意义的具体内容是语篇的主要部分,此外表示语篇关联功能或结构关系的一些部分是包含在信息命题结构之中的关联语篇,也可以看作是语用语篇。

语篇的最高层级只含有关联性功能。屈承熹(2006)指出,关联性功能反映语篇的构成模式,而信息功能主要反映在语句内在的意义上,反映语篇的命题意义,可以称作信息模式。

从具体语篇看,具有话语标记的语篇通常就是语用语篇,其传递一定的信息。所以,对话语标记语的研究是研究语用语篇的重要方面。

所谓话语标记语,一般指有独立语调的,编码程序信息用来对言语交际进行调节和监控的表达式(殷树林,2012)。一般来看,话语标记语在语篇衔接方面具有几方面功能:一是明示前后部分的关系;二是表明对信息、观点的认知状态;三是在口语中表示话轮的转换。

布莱克默(1987)从关联理论框架中认为其是规定语境特征与语境效果,引导听话人以最小的处理代价得到最大限度的话语理解效果。所以用话语标记衔接的语篇都是语用语篇。

7.3　第三部分的主要研究内容

7.3.1　讨论的衔接成分的类别

廖秋忠(1986)研究了现代汉语语篇中的连接成分,主要包括时间关系连接成分、逻辑关系连接成分两大部分。本书从语体的角度出发考察有衔接功能的话语标记,主要研究三类:

第一类,时间关系衔接成分:一般的衔接词,主要实现与语境的衔接或者上下文的衔接关系,但是时间关系连接成分,有的可能在一个语篇的起始位置,但是它们对后续语篇有要求。比如"最早",后续一般需要出现与它相对的时间,从而实现衔接。

第二类,结果类衔接成分:主要是与结果相关的衔接成分,包括真实事件的结果和虚拟的结果等,这类衔接词通常衔接前后部分。

第三类,推理类衔接成分:主要包括常规的推理和总结性的推理等。

7.3.2　考察对象的范围

本部分考查的衔接成分主要有以下几个特点:

第一,位置可以在句首或者句中,但其辖域至少包含两个或以上的小句或句子。

第二,在语篇中,具有衔接功能的词可以是专职的,也可以是兼职的,前者通常可以在词后停顿。本部分只考察后有停顿的词,没有停顿的不作为研究对象。

第三,有些非专职的衔接词后也可以有停顿,本部分主要考察其衔接的功能。

7.3.3　考察的主要内容

有些前后小句或句子,可以用不同的词衔接。如:

(16) 数字人让大量文化瑰宝"复活",以科技手段让传统文化走进烟火生活,焕发青春活力。<u>可是</u>,数字人建设毕竟刚刚起步,在很多方面还有待完善。(王轶辰《"数字人"走进我们生活》)

例(16)中,"可是"可以换成"当然",不过替换后传递的信息有差异,这类差异不作为重点考察。我们主要考察衔接对象的语体选择性。

第八章　时间关系衔接词的语体选择性

廖秋忠(1986)将时间关系连接成分分为序列时间和先后时间两大类。前者包括表示起始的,如"最先""起初"等;表示中间的,如"以后""此后"等;表示结尾的,如"最后"等。后者包括表示"以前的",如"原先""此前""事前""事先"等;表示"以后的",如"霎时""曾几何时""(久而)久之""不久""不一会(儿)"等。我们主要考察其中比较常用的一些词的衔接功能。

8.1　表示"最早"的衔接词的功能

8.1.1　"最早"的用法

(1) **最早**,他们在北京先农坛体育场竖立起大屏幕,之后,北京、鞍山、深圳火车站前的大屏幕以及 1990 年第十一届亚运会的彩色显示屏都是他们制作的。(《人民日报》1997 年)

(2) 你们不知道,他的钱来得多么不容易啊,**最早**,他到南营村卖柴,一担柴 75 公斤多,50 多里山地,一来一回得一天一夜,才能卖两块多钱。后来……(《人民日报》1994 年)

例(1)主要是叙事,陈述他们曾经从事的工作,"最早"引出一个事件,实现语篇与语境的衔接。例(2)中,"最早"前是表示观点的小句,"最早"后引出的是事件,衔接的是观点与事件。

8.1.2　"最初"的用法

(3) 现任大连市百年城集团有限公司董事长的吴云前,于 1989 年抵达大连。**最初**,18 岁的他主要与人合伙卖服装和面料。1995 年,他开始涉足房地产业。(北京大学 CCL 语料库)

(4) 四爷不敢相信她的话,也不敢不信。**最初**,他以为她俩是冠家派来的

"侦探"。听桐芳说得那么恳切,他又觉得不应当过度的怀疑她们。
(老舍《四世同堂》)

例(3)是叙事语篇,"最初"表示"吴云前"到达大连后开始的情况,与后续
的绝对时间词"1995 年"对应。例(4)中,第二句中"以为"引出的内容是表示观
点的,但其本身陈述的是事件,是叙事语篇。"最初"一般用在一个具体时间段
的开始,这个时间段可以是比较长的,如例(3),从 1989 年到 1995 年;也可以
是比较短的,如例(4)中,是一个具体场景事件中的开始阶段。

8.1.3 "最先"的用法

(5) **最先**,一位年纪在六十上下,中等身材,满脸虚胖的男人放下碗筷,站
    了起来。**跟着**,一位年纪不过五十多,可是看样子非常苍老的妇人也
    放下碗筷,站了起来。**随后**一双年轻兄弟,一个老成些,约莫十八九
    岁,一个稚气些,约莫十六七岁,也都站了起来。**最后**一位大姑娘,看
    上去正在二十左右,也轻盈淡定地站了起来。(欧阳山《苦斗》)

(6) 他还是讳莫如深,誓不肯认。睡到床上,我慢慢回忆着,**最先**,我记起
    他发表三部曲和《子夜》,轰动了全国的时候。(吴组缃《雁冰先生印
    象记》)

例(5)主要是描写,也有叙事,与"最先"对应的衔接成分有"跟着""随后"
"最后"等,是按照出现的时间先后顺序进行描写和叙事的。例(6)中,"最先"
引出的"我记起",也是一个事件。

以上三个词语都常与"后来"等衔接,"最早"常与"后来""之后""接下来"
对应使用,后续常常表示变化的情况,或者表示转折的情况。它们的主要区别
在于,"最早"凸显与事件相关的时间的起点,凸显的是时间义,"最先"更凸显
顺序义,"最初"主要凸显某个时间段的开始。如:

(7) **最早**,王家卫因怕记者追问《2046》而拒绝出席《地下铁》首映,但为了
    增加首映式的吸引力,**最终**同意出席今天《地下铁》的北京宣传活动。
    (《都市快讯》2003 年 12 月 22 日)

(8) 一个商品的总形态变化,在其最简单的形式上,包含四个极和三个登场
    人物。**最先**,与商品对立着的是作为它的价值形态的货币,而后者在彼
    岸,在别人的口袋里,具有物的坚硬的现实性。([德]马克思《资本论》)

(9) **最初**，上海县共有二十四铺之多，而**如今**只有"十六铺"留存下来。（《文汇报》2003 年 9 月 21 日）

例(7)是王家卫是否参加发布会相关的一些事件，"最早"与"最终"等构成了一个完整事件。例(8)中，"最先"说明开始的情况。例(9)中，"最初"主要说明上海县开始的"铺"的情况。从衔接的对象看，"最早"主要衔接叙事语篇，"最先""最初"可以用于衔接叙事语篇，也可以衔接说明语篇。

8.2　表示"起始"的衔接词的功能

8.2.1　"起先"的用法

(10) 她特地来证实六指头是不是真的要离开林场。**起先**，他们在六指头住的库房里嘀嘀咕咕了一阵，**后来**就从里面传出了哭声。**临走时候**，她的眼睛已经红肿得像桃子一样了。（陈世旭《将军镇》）

(11) 据美国《华盛顿邮报》报道，科学家们早就知道，在大海中生活着一些简单的生命。**起先**，人们一直以为这些有机物是细菌。**但**美国夏威夷大学和蒙特雷湾水族研究所的最新研究显示，它们可能主要是太古生物。（《人民日报》2001 年）

(12) 朋友告诉我说，不知道从什么时候开始，人们在这海边喂食大雁，**起先**，只有两三只大雁，**到现在**有数百只大雁了，数目还在增加中。（林清玄《林清玄散文集》）

"起先"通常指相对于说话时或某个参照时间之前的一个时间，如例(10)中，"起先"表示某个时间段中较早的一个时间，后面还有参照时间"后来""临走时候"；例(11)中，"起先"后有"以为"，表示所在小句是较早的一种认识，例(12)中，"起先"表示某个时间段（从"较早"到现在）的情况。以上用法中，例(10)主要是叙事，例(11)、例(12)主要是说明。"起先"常与"后来""然后""随后"等共同使用，后续也常常出现转折用法，如例(11)中后续出现了表示转折关系的"但"。

8.2.2　"起初"的用法

(13) 随着一声铃响，路明和赵玉贤都被吓得打了一个激灵。**起初**，两个

人看着电话机,谁也不敢去拿。<u>后来</u>,路明要拿,赵玉贤挡住他,不让他拿。(刘儒《官场女人》)

(14) <u>**起初**</u>,他只当是淋了雨的关系,并不以为意。就在他准备催功抗寒之际,<u>蓦地</u>,一阵奇冷传遍他的全身。玄次骑士不禁心头一跳,微怔之后当即恍然大悟。(李凉《江湖风神帮》)

(15) 1981 年农村实行生产责任制后,文珍扬眉吐气了。<u>**起初**</u>,他利用祖传的手艺——结渔网,生意<u>由小而大</u>,渔网由小张到大张,价钱由每张几十元,到上千元,年纯收入由几百元到好几万元。(《福建日报》1992 年 2 月 1 日)

“起初”主要表示某个时间段或事件的最开始,如在例(13)中表示刚听到铃声的时候的情况。这个事件可以是短时的,如例(13)中“不敢接电话”的时间;也可以是较长的,如例(15)中表示实行生产责任制后的最初一段时间的情况。而例(15)中的“起初”,基于不同的理解,既可能表示较长的时间,也可能表示较短的时间。“起初”主要用于叙事类语体,其常与“然后”“后来”等连用。“起初”后面也可以是表示事件的过程,表示一种变化,这种情况下后续可能没有显性对应的衔接词,如例(14)中画波浪线部分表示心理变化情况,例(15)中的 4 个“由……到……”也表示变化情况。

在语体选择上,“起先”比“起初”复杂,“起先”可以衔接叙事或说明语篇,但“起初”主要用于衔接叙事语篇。

8.3　表示“相对较早”的衔接词的功能

8.3.1　“原先”的衔接功能

(16) <u>**原先**</u>,母亲还健在,思母心切,一下火车便急着坐汽车往家赶,恨不得一下子飞到家里,也就一直没有机会重走山路。这次会上有一天组织大家去游览千山,我则利用这个时机去寻找山路。(《人民日报》1998 年)

(17) <u>**原先**</u>,他一思索,便想到一辈子的事;<u>现在</u>,他只顾眼前。(老舍《骆驼祥子》)

(18) <u>**原先**</u>,基布兹已有一座旅馆,客房四季爆满,现又盖一幢更大的旅馆

楼,扩充经营。(《人民日报》1996 年)

(19) **原先**,这些历史人物领导着军队,发布命令,宣战、出征、会战,借之以击退民众运动;而**现在**却巧用政治和外交手腕,利用法律和条约来击退汹涌澎湃的群众运动。([俄]列夫·尼古拉耶维奇·托尔斯泰《战争与和平》)

"原先"主要用于叙事类语体,如例(16)中,陈述的是"原先"和"这次"的情况,"原先"常常出现在叙事的语篇中;例(17)也是叙事类语体,表示"原先"和"现在"的情况。"原先"也常用于说明类语体,如例(18)中,说明的是两个时间点的具体情况,例(19)是说明对付群众运动的方法。

8.3.2 "原来"的衔接功能

金晓艳、彭湃(2011)讨论了"原来"的用法,提到其在主语前有两种情况,一是作为小句的修饰语,二是作为衔接成分。如:

(20) 在检验科,**原来**肝功能澳抗检查 3 至 5 天出结果,**现在**两天内出结果。(《人民日报》1995 年)

(21) 在济南,社会福利院最为冷清,**原来**这里的孩子早在春节前就被市民们领回"家"去过节了。(《人民日报》1995 年)

例(20)中,"原来"与"现在"对应,是时间词,"原来"后一般不能停顿,不能加逗号。而例(21)中的"原来"不是表示时间的词,其后可以停顿,书面上可以加逗号。我们讨论的主要是后一种用法的"原来"。如:

(22) 村党支部立刻组织人调查,很快就破了案。**原来**,村里的几个光棍汉看见这么多树苗有利可图,就在深夜偷偷地把树苗拔了,以八角钱一棵卖给了邻村的人。(《报刊精选》1994 年)

(23) 想不到,这年四乡八镇都闹歉收,唯独富翁家田里的禾粮长得又高又壮。**原来**,田地翻了多次,利于秋苗生长。(刘长乐《包容的智慧》)

(24) 不仅没有见到赵简子的棺椁,想再往下挖也不成了。**原来**,因为挖得太深,接到了含水层,大量的地下水往上涌。(倪方六《中国人盗墓史》)

例(22)中,"原来"是用来表示后文是回述案件的具体经过;例(23)中,"原来"表示后文是解释"富翁家禾粮为什么长得好";例(24)中,"原来"是引出解释"为什么不能往下挖了"。

"原先"与"原来"都指以前的某个时间,但有一定的区别:"原先"常常是与叙述者时间相对,表示在此之前;"原来"可以是以前的事件,也可以是一种以前不了解的信息或知识。在功能上,"原先"主要用于叙事,衔接事件语篇。"原来"主要用于说明,可以衔接事件与叙事语篇,如例(22);也可以衔接叙事与说明语篇,如例(23)、例(24)。

8.3.3 "本来"的衔接功能

"本来"衔接时,无论衔接的是什么语篇,前后内容都具有转折关系。

第一种,衔接叙事与叙事。如:

(25) **本来**,女儿是报名参加度假村组织的漂流活动的,后来,她老板从媒体的报道中得知,有的漂流活动出了意外,有人受了伤。(北京大学 CCL 语料库)

(26) 1964 年 2 月,肖华同志患了严重的肝炎,4 月到杭州疗养。**本来**,周总理曾亲自关照过让他好好休息,安心疗养。但肖华同志这位戎马战将,怎能忍心歇息。(北京大学 CCL 语料库)

例(25)中,在某个事件点前计划"女儿参加漂流活动",后来"了解有人受伤就不参加了";例(26)中,"周总理关照要好好休息",实际上"肖华并没有好好休息"。

第二种,衔接观点与叙事。如:

(27) **本来**,该公司成立初衷,在于引进外资,可是后来在这方面却没能如意。(北京大学 CCL 语料库)

(28) **本来**,考察完广胜寺,他们此行的任务也就算结束了。可翻阅赵县县志时,他们却意外地发现县志上记载着,在城东三十里的霍山中,有座建于唐代的兴唐寺。(北京大学 CCL 语料库)

这类用法中,"本来"的辖域内的内容都表示一种观点,如例(27)中,表示当时的想法是"引进外资",实际出现的结果是"没能如意";例(28)中,按照一般情况,"考察完广胜寺",就表示观点"此行结束了",实际情况是"他们没有结束",与想法不一致。

第三种,衔接说明与叙事。如:

(29) **本来**,野生动物抗病力极强,只要饲养管理恰当,饲养及环境卫生良好,通常是不会生病的。但不少养殖场却不注意防疫防病,饲养质量低劣,环境污染,粪便堆积笼圈内,致使兽群疾病日渐增多。(北京大学 CCL 语料库)

(30) **本来**,鉴于地质、矿产、石油等专业生源不足,对本系统职工子女实行一些特殊办法也是可以的,但如今其他行业特别是一些热门行业如工商、税务、银行、电力、邮电等也纷纷起而仿效。(北京大学 CCL 语料库)

这类用法中,"本来"的辖域内是一种常规的认识,是说明,后续句是与常规情况相反的事实。如例(29)中,前面说明"野生动物通常不会生病",后续句子陈述的是与这个常规事实相反的"兽群疾病日渐增多";例(30)中,前面说明一些专业的特殊做法,后续句子表示实际情况是"不符合这些情况的也这样做",与"特殊办法"的初衷相反。

"本来"在衔接语篇时,无论其衔接的内容是什么,在语义上都具有转折关系,后续句中常常出现"但""但是"等显性转折关系标记词。

8.4　表示事件参照的衔接词的功能

8.4.1　"此前/后""事前/后"的衔接功能

"此前/后""事前/后"中,"此""事"通常指某事。这类衔接词衔接时,通常是以一个事件或者事件发生的时间作为参照,后续句是以这个时间为参照发生的事件或者某种变化。从衔接的内容看,有几种情况。

第一种,衔接叙事与说明。如:

(31) 1985 年,为了提高出血热的治疗效果,桂希恩从美国带回了基因工程干扰素,这种干扰素是 1 000 万单位一支的,**此前**,国内并无此种药物的使用经验。(北京大学 CCL 语料库)

(32) 梅纽因大师 80 年代初跑遍中国各大城市场,才选取了两名中国学生,**此后**,尚未闻又有华裔学生被招入学。(《报刊精选》1994 年)

例(31)中,"此"指示"1985 年桂希恩从美国带回了基因工程干扰素"这件事,"此前"衔接的后续句表示这件事发生以前的情况,是说明;例(32)中,"此"表示"80 年代选取两名学生"这件事,后续句表明"以后没有再发生了"。这类用法中,衔接词前是事件,衔接词后是说明。

第二种,衔接叙事与叙事。如:

(33) 后来,宋子文任命莫雄为代理总团长亦即战时的独立旅长,**此后**,莫雄指挥税警团参加了淞沪抗战末期的战斗。(北京大学 CCL 语料库)

(34) 有一次全班去郊游,**事前**,老师就叮咛小朋友不要带剪刀。(北京大学 CCL 语料库)

(35) 努尔哈赤听了这话,满心不高兴,表面却不动声色。**事后**,他带着大小福晋,搬进栅城。(李文澄《努尔哈赤》)

例(33)中,"此"指"莫雄被任命为代理总团长"这件事,后续句是"参加战斗"这件事,两件事发生的时间有先后;例(34)中,"事"指"郊游","老师的叮咛"发生在这件事之前;例(35)中,"此"指"前面发生的对话让努尔哈赤不高兴",后续发生了搬家的事。这类用法衔接的是前后事件,它们有时间先后关系。但有的时候,它们所指不是其前的小句或句子,而是更前面的成分,也就是说,在线性序列上,它们是间接衔接的。如:

(36) "六·一八"讲话改变了法国历史的进程,它使已经亡国的法国人民看到了一颗希望之星在闪烁。人们热血沸腾,奔走相告。**此后**,戴高乐克服重重困难,以自己的形象鼓舞法国人民的斗志。(北京大学 CCL 语料库)

(37) 但这一套餐出现没多久,上海移动便立即出招应战。上海《东方早报》记者昨日获悉,从 5 月 10 日开始,用户若申请全球通商旅计划 58 套餐,在国内任何一个地方通话也都是一个"价",与联通类似,移动同样将"底线"划到了每分钟 0.25 元。

　　　上海联通与上海移动之间的火拼由来已久,**此前**,双方刚刚在"准单向收费"业务上进行了一场"酣战"。(北京大学 CCL 语料库)

例(36)中,"此后"最接近的句子是"人们热血沸腾,奔走相告",但"此"语义上所指为"'六·一八'讲话"及其产生的影响,所以这个语篇中去掉"此后"前的小句,语篇仍然是连贯的。这类衔接还可能是跨语段的,如例(37),"此"

所指为前面一个段落所陈述的内容,即上海移动的套餐情况,所以"此后"实现了前后语段相关内容的衔接。这类用法中,非直接衔接成分一般是插入成分,是补充信息或背景信息,不是语篇传递的主要信息。

从衔接对象的角度看,"此前/后"与"事前/后"有一定的倾向性,"此前/后"主要凸显时间顺序义,可以衔接两个事件,也可以衔接认知的变化等;而"事前/后"更加倾向于衔接两个事件。

8.4.2　"这/那之前""这/那之后"的衔接功能

"这/那之前""这/那之后"主要衔接叙事与叙事。如:

(38) 当我即将收笔掩卷时,忽然发现,因为急于成章,动笔前,还没确定好本文的标题。**这之前**,我曾读过不少关于姜伟的文章。(《报刊精选》1994 年)

(39) 唐骏说他当时非常感动,骨头都酥了。**这之后**,他就把这种用语言来制造没有等级的感觉的方式运用起来。(袁岳、孙虹钢《名家对话职场 7 方面》)

(40) 小战士又告诉我们,十点才开始检阅。他劝我们耐下心来。还要等四个多小时,需要多大的耐心啊! 在我的记忆中,**那之前**,我的耐心没经受过一次那般持久的考验。**那之后**,我的耐心也再没经受过一次那般持久的考验。(梁晓声《一个红卫兵的自白》)

例(38)中,"这"指"动笔写成文章"这件事,后续的句子也是一个事件;例(39)中,"这"指前句陈述的"当时"发生的那件事,后续句是与前述事件相关的事;例(40)中出现了"那之前""那之后",分别陈述的是在这个事件"检阅"之前和之后都没有出现的情况。

从衔接的前后成分看,"这/那之前""这/那之后"在不同语体中没有明显的差别,主要差别可能在于言者对事件的心理状态。从上述例子来看,"这"与言者心理距离比较近,后续主要是肯定形式,而"那"之后可能是否定形式。

8.5　表示顺序的衔接词的功能

8.5.1　"然后""接着"的衔接功能

"然后"与"接着"主要表示前后顺序,主要有以下几种衔接功能。

第一种,衔接叙事与叙事。如:

(41) 我点了点头,她便告诉我,她叫吴琼,是一家报社的记者,正想采访一下画家村。**接着**,她便拉开采访的架势,向我提出了一二三四五等等问题。(卞庆奎《中国北漂艺人生存实录》)

(42) 那一天下午的舞会一直持续到晚上 7 点钟,**接着**,大华饭店又为来宾举办了盛大的宴会。(陈廷一《宋氏家族全传》)

(43) 刘斌给自己要了杯龙舌兰烈酒,给我要了蓝带马爹利。**然后**,他把电视打开来,屏幕上开始出现搔首弄姿的性感女郎。(卞庆奎《中国北漂艺人生存实录》)

(44) 他曾经让人取大门板一块,用墨笔在板上错落乱点,**然后**,他站在百步之外,用袖箭射之,箭箭中那黑点。(李文澄《努尔哈赤》)

例(41)中,"接着"衔接前后两个事件:"告诉"和"拉开采访架势开始采访";例(42)中,前一个事件是"(开)舞会",后一个事件是"举办宴会"。"然后"也常常衔接前后发生的事件,如例(43)中,先发生的是"要酒",后发生的事"打开电视";例(44)中,前一事件是"让人乱点目标",后一事件是"箭箭中那黑点"。这类用法中,事件的主体可以相同,这时前后一般是不同性质的事件,如例(41)、例(43)。也可以是不同主体的事件,这时前后事件通常是相同的或相似的,如例(42)中的"舞会"与"宴会",例(44)中的"乱点"(是他人发出的动作)和"射(之)"。

第二种,衔接说明与说明。如:

(45) 苔藓植物也是最早的登陆者之一,它们具有原始的叶片结构。**接着**,其他蕨类植物在陆地上大量繁衍,它们已有根茎叶的分化,较为适应陆地上的环境。(北京大学 CCL 语料库)

(46) 科学家先是从萤火虫的发光器中分离出了纯荧光素,后来又分离出了荧光酶,**接着**,又用化学方法人工合成了荧光素。(北京大学 CCL 语料库)

(47) 饮食物进入口腔以后,经过牙齿的咀嚼,与唾液充分混合后,开始了初步的消化;**然后**,再把这些半成品送到胃里继续消化。(北京大学 CCL 语料库)

(48) 产卵前,雌鱼用腹部和尾鳍清除河底淤泥和杂草,拨动细沙砾石,建筑一个卵圆形的产卵床。**然后**,雌雄鱼双双婚配产卵。(林崇德《中

国儿童百科全书》)

这类用法中,衔接词前后部分都是说明某一种情况。如例(45)中,说明先出现的是"苔藓植物",后出现的是"其他蕨类植物";例(46)中,先是"分离出了荧光酶",后出现"用化学方法人工合成荧光素";例(47)中,先说明初步消化的情况,后说明"继续消化"的情况;例(48)中,先说明"雌鱼"所做的事情,后说明"这个事情"完成后所做的事。

这类衔接说明的用法中,具体的小句或句子与叙事语篇有很多相同点,主要的差异在于它们没有具体的时间信息(绝对时间)和事件的确定主体,所以它们属于说明语篇。

8.5.2　"随即""随之""随后""继而""跟着"的衔接功能

"随即""随之""随后""继而""跟着"自身不具有表示时间的功能,一般以前一个事件作为第二个事件的参照。主要有两种情况。

第一种,衔接叙事与叙事。如:

(49) 根据南沙的习惯,秦任平首先向战士们公开了妻子的来信。**随即**,他又拆开了父亲的来信。(《人民日报》1994 年)

(50) 费慰梅给徽因带来了治疗肺病的药品。**随后**,她离开了李庄,和徽因相约在重庆见面。(张清平《林徽因》)

(51) 早在 1982 年,刘教授主持研究首创的静态爆破剂通过了国家鉴定。**随之**,他提出了把"静态爆破剂"应用到开采大理石的构想。(《报刊精选》1994 年)

(52) 初期,他们组织义军,进行武装游击抵抗,前后达七年之久。**继而**,在辛亥革命推翻清政府后,他们又汇同大陆同胞一道,先后发起十余次武装起义。(《台湾问题与中国的统一》1993 年)

(53) 她伸手拽出了撸子枪,照着先上来的那个当的一家伙,咕咚! 那家伙被撂倒了,**跟着**,像球似的朝堤下滚了去。(冯志《敌后武工队》)

例(49)中,"随即"表示两件事之间时间间隔很短,"公开了妻子的信"以后,很快又"拆开了父亲的信"。例(50)中,"随后"也表示两个事件有前后关系,但是两个事件间隔的时间可长可短,可能是几天后,也可能是几个月后甚至更长。例(51)中的"随之"不仅表示两个事件之间的先后关系,还表示两者之间有一定的因果关系,如例中首先是"静态爆破剂通过国家鉴定",后又提出

"应用"的问题。例(52)中的"继而"在表示先后关系的同时,还表示事件的同向性或同类性,即性质相同,如"武装游击抵抗"和"发起十余次武装起义"。例(53)中的"跟着",表示后一件事对前一件事的继续。

第二种,衔接说明与说明。如:

(54) 放花生油半锅,烧至 7 分热,放入花椒、八角、山奈、干辣椒面,至微黄有点香味时,将田螺倒入,搅匀,并铺平。**随即**,将姜蒜蓉和肉末倒入,均匀铺在田螺之上。(苏士明《家常菜 1000 样》)

(55) 德国于 1889 年颁布《伤残及养老保险法》,标志着现代意义的养老保险法的诞生。**随后**,各国纷纷仿效,颁布了养老保险法。(北京大学 CCL 语料库)

(56) 新时期中国体育改革是从足球打开突破口的,**随之**,篮球、排球、乒乓球等项目陆续走向市场,经费来源和自身发展活力大大增强。(北京大学 CCL 语料库)

(57) 就这样租期"99 年"的时间被法律条文肯定了下来。并从此开了先例。**继而**,在中国近代史上又出现了三个租期为"99 年"的不平等条约。(北京大学 CCL 语料库)

例(54)是菜谱中某菜品的烧制方法,是说明类语体,本例中的"随即"是指前面的程序完成后马上进入下一程序。例(55)中,"随后"表示最先出现的"养老保险法"与后出现的情况之间存在先后关系。例(56)是说明"市场"对"中国体育"的影响,"突破口"是最先出现的情况,"随之"表示在这一情况后出现的其他变化,它们之间不仅存在先后关系,先出现的情况还对后续情况产生影响。例(57)中,"继而"表示说明的前后情况之间存在着一致性。

衔接说明类语体的用法中,语义上前后句所陈述的内容仍具有先后关系,是过程性说明。只不过语篇的主要目的不是陈述事件,而是说明某一情况,所以不凸显时间性,也不凸显事件的主体。

8.6   表示"短语"的时间衔接词

8.6.1   "霎时""顿时""瞬间"的衔接功能

"霎时""顿时""瞬间"都是时间副词,一般指前后情况间隔的时间很短,主要用于叙事。如：

(58) 我下决心鼓足了勇气,握着她的手,请求她的谅解。**霎时**,我看到了
她眼中闪烁着欣喜的泪花。(北京大学 CCL 语料库)

(59) 气急之下,安小驹随地提起一只水桶便朝那突厥人的头顶砸去。**顿
时**,只闻"啪"的一声,木桶正中目标,应声碎裂。(乔安《骄女擒鹰》)

(60) 敌军的话激怒了这边一名战士,他端枪就要射击,战东昌一把按住
他。**瞬间**,对面一声枪响,年仅 26 岁的战东昌倒下了。(北京大学
CCL 语料库)

例(58)中,前句陈述的是"我"做的决定与发出的动作行为,后句是"我"
看到了反馈;例(59)中,前句陈述的是"安小驹"发出的动作行为,后句是这
个动作行为中的"木桶"造成的结果,也是一个事件;例(60)中,前句陈述的
是"战东昌按住了一名战士",后句写的是这个过程中"他倒下了",几乎是同
时发生的。

有的时候,衔接词后是描写性的叙事。如：

(61) 一块块青砖被刨出,一堆堆黄土被抛散。**瞬间**,宝塔内外已是坑洼
遍布、面目全非。(《作家文摘》1997 年)

(62) 7 时 49 分,183 架日本轰炸机飞临上空投掷炸弹。**瞬间**,到处是震耳
欲聋的爆炸声,火光冲天。(林崇德《中国儿童百科全书》)

例(61)中,"宝塔内外已是坑洼遍布、面目全非"是场景描写,但在这个
语篇中有具体的时间,有变化性,可以看作叙事;例(62)中,"到处是震耳欲
聋的爆炸声,火光冲天"是一个动态场面,是在具体的时空中发生的,也属于
叙事。

8.6.2　"不久""不一会(儿)""不多时"的衔接功能

"不久""不一会(儿)""不多时"都是时间名词,它们主要表示前后间隔的
时间比较短。主要有两种情况。

第一种,衔接叙事与叙事。如：

(63) 过了 40 多分钟,太阳从头上出来了,隐隐约约也看到了地面。大家
终于舒了一口气! **不久**,我们脱离了云层。(北京大学 CCL 语料库)

(64) 赵太太于是就着那个炒饭的热锅底,就倒了一大碗冷水进去,**不一**

会,那冷水就翻花了,而且因为锅边上有油,就哔哔地响。(萧红《马伯乐》)

(65) 我去得很早,可到了西便门,怎么也找不到林先生家了。转来转去,只好又给林先生打电话。**不一会儿**,林先生疾步走来,还是那样精神,那样潇洒,那样和善。(北京大学 CCL 语料库)

(66) 两个人一齐走进灶下,商量了一会;华大妈便出去了,**不多时**,拿着一片老荷叶回来,摊在桌上。(鲁迅《药》)

例(63)中,前文陈述的是飞机进入云层的情况,然后"看到了太阳和地面",不长时间后情况变化为"我们脱离了云层","不久"衔接了前后事件。例(64)中,"不一会"表示从到冷水进去到"冷水翻花"时间很短;"不一会儿"与"不一会"相比,口语色彩浓一些,例(65)中的"不一会儿"表示从"打电话"到"走来"间隔的时间很短。"不多时"表示的时间一般比前两个词长一些,如例(66)中的表示从"出去"到"回来"之间隔了一段时间。

时间副词与时间名词实现的衔接,时间副词更凸显现场性,而时间名词凸显过程性,也就是先后关系。时间副词常常是前后直接衔接,而时间名词可以是间接衔接。如:

(67) 我惊讶地发现许多大螃蟹在慌慌张张地躲来躲去,找石缝藏身。这真让我开了眼界! **不一会儿**,我们带的篓子就盛满了。(林崇德《中国儿童百科全书》)

例(67)中,"不一会儿"衔接的两个事件是"我惊讶地发现"和"我们带的篓子就盛满了",但它们中间还插入了评价语"这真让我开了眼界",是间接衔接。时间副词衔接则较少有这类用法。

第二种,衔接说明与说明。如:

(68) 生殖时,雌蛙产卵于水中,当卵受精后,再把受精卵全部吞进胃里。**不久**,蛙卵便在胃内孵化成蝌蚪,并变态成为幼蛙。(林崇德《中国儿童百科全书》)

(69) 热带森林里,大象死了以后,为首的雄象便用象牙掘松地面泥土,用鼻卷起土块,朝死象抛去。其余的象也照着做,**不多时**,便"修"成了一座"象墓"。(北京大学 CCL 语料库)

以上两例都是说明性文字,主要是介绍一些情况。如例(68)说明的是雌蛙把卵孵化为蝌蚪的过程，"不久"表明以"吞进胃里"为时间参照，时间不长就能"化为蝌蚪"。例(69)中，"不多时"表明"大家都这么做"的过程不是很长，就"修"成了一座"象墓"。从考察情况看，"不一会"没有发现这类用法，可能是因为其具有一定的主观性，不适合用在表示客观说明的语体中。

8.7　表示"长时"的时间衔接词

表示长时的衔接词主要有"久之""久而久之"，它们可以衔接叙事和说明。第一种，衔接叙事与叙事。如：

(70) 因为单位离周先生不远，我有时就去问候周先生起居。**久之**，对先生的零碎了解就连缀起来。（北京大学 CCL 语料库）

(71) 他以不同的姿势，从不同的位置、不同的距离看，也不知他看了多少个日日夜夜，**久而久之**，渐渐觉得那谷粒在一点一点地变大。（李文澄《努尔哈赤》）

例(70)中，前句说的是"有时"的情况，"久之"衔接的内容是，"问候的次数多了"就将"零碎了解连缀起来"；例(71)中，前文陈述的是从不同的角度看，"久而久之"表示"看的时间长了"，"觉得那谷粒在一点点变大"（实际上表示"终于有所发现"）。

第二种，衔接说明与说明。如：

(72) 有的人有用篾片或塑料片刮舌苔以及用牙刷刷舌苔的习惯，总免不了会刺激味蕾，损伤舌头。**久之**，乳头出现角化、舌背部麻木，味觉减退使得食不知味，势必降低食欲，不利身体健康。（北京大学 CCL 语料库）

(73) 千百年来，西藏高原人民靠点酥油灯照明，生活燃料用的是干牛粪、干草皮和木材，**久而久之**，大片的草原退化、树林日渐稀疏。（《人民日报》1993 年）

例(72)说明的是"用篾片或塑料片刮舌苔以及用牙刷刷舌苔的习惯"不好，"久之"从结果说明"为什么"；例(73)说明高原为什么会"草原退化、树林稀疏"，"久而久之"表示"习惯做法"的时间长了。说明类语体中，这两个词衔接的前后部分之间在相对时间上存在着前后顺序。

8.8 小　　结

　　本章主要考察了常见的一些具有时间关系的衔接词的衔接功能,从语体角度看,这类词最主要的功能是衔接叙事类语体,部分词可以衔接说明类语体,只有极少数词可以衔接与观点类相关的语体。这主要是由于时间性是叙事语体最主要的特征,而说明类语体中部分具有过程性的说明中也存在着规律性的时间关系,所以这类说明中可以由时间关系衔接成分进行衔接。

第九章　推理类衔接词的
语体选择性

推理类衔接词,主要是依据已有的事实或理论等,推断出一定的结论,主要有两种情况:一是一般的推理,如"看来""可见""显然""显而易见""不用说"等;二是总结类衔接词,对前文的内容进行总结,主要有"总而言之""总之""总的看来""一句话"等,以下主要考察它们的衔接功能。

9.1　推理类衔接词的语体选择性

孟雯(2015)指出,Tariana 语有推断示证标记(inferred evidential)和假定示证标记(assumed evidential)。其区别在于对已发生事情视觉证据的可及度和包含的推理程度。证据越不明显,言者越依赖基于知识或常识的推理,就越有可能使用假定示证标记。在现代汉语中,有一些衔接词主要表示作者或言者依据一定的事实或理论对某方面进行推理。

9.1.1　"看来"的衔接功能

孟雯(2015)从示证范畴的角度对联系项"看来"与"可见"进行了考察分析,发现"看来"和"可见"分别是现代汉语中的假定示证表达方式和推断示证表达方式,其区别主要在于推理程度、对证据确切程度的要求以及认识方面的引申等,并从逻辑推理等方面找到了佐证。刘琉(2011)讨论了"看来""看样子""看似"的用法,认为就确定性强度而言,三者的排列顺序是:看来>看样子>看似。从语体衔接角度看,"看来"主要有两种用法。

第一种,衔接叙事与观点。如:

(1) 他不解地问:"你还没上班呢,就开始让你为他们干活儿了?"女儿说:"不是,是我主动的。现在总裁还没有吃饭,还在办公室,**看来**,大家都很忙,我也应该尽力而为。更何况,总裁可能还是在考验我呢!"
(北京大学 CCL 语料库)

(2) 我问他,你给别的牧民做藏袍吗?他说做,但都不收手工费,**看来**,这里的牧民还保持着安多藏区古老而纯朴的民风。(北京大学 CCL 语料库)

(3) 当他看到中共中央重视张治中,重视张治中在新疆的作用,心头的疑虑便消除了。**看来**,毛主席让张治中发的电报起了很好的作用。(北京大学 CCL 语料库)

这类用法中,前文①主要是事实,后文是基于事实产生的观点。如例(1)中,从"总裁还没吃饭,还在办公室"这个事实推断出后文的看法"大家都很忙"。例(2)中,前文提到"不收手工费",后文推断"保持着安多藏区古老而纯朴的民风";例(3)中,前文提到他所看到的关于张治中的实际情况,后文从这个事实推断出"电报起了很好的作用"。

第二种,衔接说明与观点。如:

(4) 目前大连的酒店、饭店正处于"度淡"期,**看来**,娱乐场所降低价格,既是为老百姓娱乐着想,也是为企业自身生计着想。(北京大学 CCL 语料库)

(5) 粮食要增产,离不开杂交稻。**看来**,加强杂交稻种子的生产和市场管理已刻不容缓。(北京大学 CCL 语料库)

这类用法中,前文是对某情况的说明,后文根据这一情况做出推断,表达观点。如例(4)中,前文是说明"目前大连酒店、饭店"的总情况,后文基于此表达对"降低价格"这个举措的看法,认为其是"企业为自身生计着想";例(5)中,前文说明杂交稻对"粮食增产"的影响,后文在此基础上提出"加强相关种子的管理",是个人的看法。

9.1.2 "可见"的衔接功能

孟雯(2015)指出,"看来"与"可见"在应用文和文学作品两类语体上的数据差距最大。应用文主要指一些法律条文、议论文以及社会科学方面的文章等,对确定性的要求较高,"可见"的"较确定"的言外之意正好符合其要求;而文学作品主要指一些小说,并不需要如应用文那么高的确定性,因而多用含有

---

① 为讨论的方便,在本章和后一章的讨论中,把衔接词辖域内、位置在其前面的部分称作前文,后面的部分称作后文。

"不确定"的言外之意的"看来"。从语篇角度看,"可见"的衔接情况主要有两种。

第一种,衔接叙事与观点。如:

(6) 汗王去北京朝贡许多次,每次总是让父亲跟着。**可见**,汗王对父亲是多么信任!(李文澄《努尔哈赤》)

(7) 在这里,你既可以看到奥尔梅克雕像,又能看到玛雅油画,**可见**,它曾经连接了奥尔梅克文化和玛雅文化。(北京大学 CCL 语料库)

(8) 转眼间,不但步兵都平安过来,连老弱伤病的弟兄也过来了,风浪大的地方,许多人手牵手站成人排,挡住浪头,让抬运伤病和辎重的弟兄们顺利过去,**可见**,力量分散了,就抵不住激流,挡不住风浪,力量合起来就什么困难也不怕。(姚雪垠《李自成》)

例(6)中,前文陈述一个惯常性事件,"每次去北京朝贡,都让父亲跟着",依据常理推断出"汉王对父亲非常信任";例(7)中,前文陈述事实"在这里能看到奥尔梅克雕像和玛雅油画,因为这是两种文化的代表",由此可以推断出"它曾经连接这两种文化";例(8)中,前文陈述的是一个具体场景中的具体事件,即"所有人都顺利渡过了河",依据这件事表达自己的观点,"力量合起来就什么困难也不怕"。这类用法中,一般是依据常理或者某个个人的想法,从事件中推断出某个观点。之所以是观点,是因为后文的内容未必是正确的,是有可能被否定的。

第二章,衔接说明与观点。如:

(9) 据有关专家预测,在美国,单单是汽车 GPS 导航系统,2000 年后的市场将达到 30 亿美元,而在中国,汽车导航的市场也将达到 50 亿元人民币。**可见**,GPS 技术市场的应用前景非常可观。(北京大学 CCL 语料库)

(10) 而这次大水只是中小堤围溃决,损失即达 146 亿元,**可见**,经济越发达,遭受自然灾害后的损失越大。(北京大学 CCL 语料库)

例(9)中,前文具体说明"GPS 导航系统"在美国和中国的情况,两个国家的数据都是按照一定的模型计算出来的,比较客观,在此基础上提出个人看法,"应用前景非常可观","前景"是没有实现的,因此只能是观点类。例(10)中,前文陈述的是"珠三角的损失非常大",在此基础上提出自己的观点,"经济越发达,自然灾害造成的损失越大"。这类用法中,说明的情况都是客观事实或者一般常识,"可见"后句是从这个客观事实或常识引出的个人想法或观点等。

9.1.3 "显然"的衔接功能

从衔接的角度看,"显然"的主要功能有以下几种。

第一种,衔接叙事与观点。如:

(11) 而在实际上,华南米业公司最重要的经营,是供应华南饥荒地区的大米。因为 1937 年春天华南地区大米奇缺,老百姓茹草度日。**显然**,这又给他们谋取私利,提供了机会。(陈廷一《宋氏家族全传》)

(12) 有的厂长听了这话,恍然大悟,也有人一下对改制兴趣索然。**显然**,他们对此没有思想准备,还没弄清改制后自己的地位。(北京大学 CCL 语料库)

例(11)中,前文陈述的是 1937 年华南地区的情况,后文是依据"华南米业公司的一贯做法",很容易想到这种情况又给了他们谋取私利的机会;例(12)中,前文具体陈述"厂长们"的反应,从这个"反应"可以明显感觉到"他们对改制没有思想准备"。这类用法,是依据事件可以明显推导或者想到某种看法或者观点等。

第二种,衔接说明与观点。如:

(13) 有些研究表明,每 3 个新开办的小企业中,就有 2 个最终归于失败。**显然**,为使企业家承担风险,人们必定期望付给他的报酬超出正常的补偿。(北京大学 CCL 语料库)

(14) 由于金星大气层防止热量失散与阻止太阳辐射进入的能力更强,因此,金星大气层形成了全球性的"大温室"效应,表面温度在 480 摄氏度以上。**显然**,在这样的环境中,生命是难以存在的。(林崇德《中国儿童百科全书》)

例(13)中,前文具体说明已有研究的情况,"三分之二的新开办小企业失败了",在此基础上很容易得出一个结论,"由于容易失败,所以期望获得的报酬要比正常的多";例(14)中,前面具体说明了金星大气层的情况以及表面温度,自然得出结论,"生命难以存在"。

第三种，衔接叙事与说明。如：

> (15) 一回头，蒋经国从保安处赶了出来。**显然**，他是临时有了事情，忙撂开别的事来的。他的手上还拿着东西呢。连额角上有些汗珠都来不及抹去。（陈廷一《蒋氏家族全传》）

这是相对比较少见的用法，"显然"后是对前述事件的一种补充。如例(15)中，从前文的事件"从保安处赶了出来"，并不能推断出后面的结果"撂开别的事来的"，这个后续的句子主要补充当时的一些相关情况：赶过来是临时的决定，是比较仓促的。这类用法主要是言者站在现场观察者的视角补充一些信息。

9.1.4 "显而易见"的衔接功能

"显而易见"的衔接用法主要有四种。

第一种，衔接叙事与观点。如：

> (16) 欧盟今年已由 12 国扩大到 15 国，今后还要扩大。**显而易见**，6 国创建共同市场时建立的机制已不能适应当今形势需要，急需改革。（北京大学 CCL 语料库）

> (17) 当我第一次见到白敬周时，对他在肖像画艺术上的杰出才能与精湛的绘画技巧大为惊讶。**显而易见**，他是一位很有天才的画家……（北京大学 CCL 语料库）

> (18) "我想去延安。"他告诉她。她迷茫地望着他，**显而易见**，"延安"二字带给她的只能是一片空白。（北京大学 CCL 语料库）

这类用法中，前文一般陈述一个事件，后文基于这个事件引出言者的个人看法或想法。如例(16)中，前文有确定的时间信息"今年"，以及在这个时间段中发生的"欧盟国家扩大了"，言者基于这个事实，认为出现这一事件的原因是"最初的机制已经不适应形势需求"，所以"需要改革"。例(17)中，发生的事情是"我对他某方面的杰出才能和绘画技巧大为惊讶"，由此"我"认为"他是一位很有天才的画家"；例(18)中，后文观点主要从前文的状语成分推断而出，即"迷茫"，因为"她"这个表情，所以"他"推断"她一点不了解延安代表什么"。

第二种，衔接观点与观点。如：

> (19) 有人把电力比作国民经济的"血液"，缺电就是缺血；**显而易见**，"贫

血"患者是绝对进入不了健康、强壮人行列的。（北京大学 CCL 语料库）

(20) 如果让我命名,**我认为叶圣陶的小说可以称之为社会写实小说。显而易见**,鲁迅的启蒙主义小说、郁达夫的自我表现小说、许地山的宗教哲理小说、叶圣陶的社会写实小说基本涵盖了新文学初期小说创作的四种主要倾向,是有代表性的。（北京大学 CCL 语料库）

这类用法中,前文与后文可以有不同的关系。可以是前文推断后文,如例(19)中,前文提到"缺电就是缺血",后文是"缺血是不健康的",在这里实际传递的信息是"如果缺电,那么不可能有健康的国民经济",用比喻的方式来表达观点。也可以是用后文证明前文,如例(20),后文的"综合评价"中包括前文的内容,以此证明自己的观点（"我认为"的看法）。

第三种,衔接叙事与说明。如:

(21) 洪水旗教众提起二十部水龙上的龙头,虚拟作势,对着群狼,**显而易见**,水龙中也是装满了毒水,若加发射,不但水盛,且可及远。（金庸《倚天屠龙记》）

(22) 我每天都在期待着他们走上前来与我和好如初,这样的话我既可维护自尊,又能重享昔日的欢乐。可他们走过我身旁时,总是挤眉弄眼或者哈哈大笑。**显而易见**,他们准备长此下去,这对他们来说没有丝毫损失。（北京大学 CCL 语料库）

这类用法,前文一般是具体时空中发生的真实事件,后文主要说明与这个事实相关的情况。如例(21)中,前文是"洪水旗教众"所做的事情,后文是基于这个事实,说明如果"发射水龙"会出现什么结果,这个结果不是个人推断的,而是确定的,所以属于说明。例(22)中,前文是"他们"在我面前的表现,让"我"觉得自己的"期待"不可能实现了,这里的"他们准备长此下去"也可以看作说明情况。

第四种,衔接说明与说明。如:

(23) 动物的数量过剩可能预示着饥荒。**显而易见**,如果有可靠的迹象向雌性动物显示出,一场饥荒就要临头,那么,降低其出生率是符合它的自私利益的。（［英］理查德·道金斯《自私的基因》）

这类用法中,常常前文是概括性的说明,后文是更具体且带有解释性的说明。如例(23),这个语篇是说明"按照拉克的理论,动物往往从其自私的观点出发繁殖最适用的幼兽",前文说明"我们"一致认为"动物的数量过剩可能预示着饥荒",导致的结果就是后文的说明,"如果有饥荒,雌性动物会降低出生率"。前后部分共同说明"当数量过剩时,动物如何调节出生率"。

9.1.5　"不用说"的衔接功能

"不用说"的衔接功能主要有三种。

第一种,衔接叙事与叙事。如:

(24) 没想到她尚能记起,并马上邀我在方便的时候到她的住处做客。**不用说**,隔着电话我都能感到她的热情与诚恳,因为她为我详细描绘了乘车路线。(北京大学 CCL 语料库)

(25) 艾尼丽尔心里好像加了蜜,乐滋滋的,干什么工作都好像浑身有使不完的劲,不到半年就荣立了三等功。**不用说**,孕育很久的爱情蓓蕾也随之盛开,他们一年后喜结良缘。(北京大学 CCL 语料库)

(26) 到了近代,西方人将领衔 1 000 多年的中国印刷术注入机电、电子、光、化工技术,使传统的印刷术脱胎换骨。**不用说**,这项轻印刷术将领导世界印刷技术潮流。(北京大学 CCL 语料库)

例(24)中,前文是陈述打电话时候的情况,后文"隔着电话我都能感到她的热情与诚恳"陈述"我"在接电话时的感觉;例(25)中,前文陈述艾尼丽尔的工作情况以及获得的奖励,后文补充之后发生的事情,前后事件之间存在着一定的因果关系。例(26)前文陈述了西方人将中国印刷术注入其他技术的结果,后文是这个结果带来的其他影响。在这个例子中,虽然后句中有表示未然的动词"将",但它是基于事件发生的时间进行陈述的,在叙述时事件已经发生了,因此仍然是叙事。

有的用法中,"不用说"后的小句或句子不是与其前的小句或句子直接衔接的,中间还有其他成分。

(27) ① 山谷里迷雾缭绕,② 隐隐约约看到远处有一座孤坟,③ 附近没有人家,不用说,④ 坟里埋的一定是肇事死亡的司机。(北京大学 CCL 语料库)

(28) ① 阿丽她死了,还没看到抗战胜利就死了。② 她这种女人会自杀吗?当然不会。不用说,③ 显然是戴笠老板派人把她干掉的。(北

京大学 CCL 语料库）

　　如例(27)中,"不用说"后的小句④陈述的对象是"坟",其与小句③并不直接衔接,而是与小句②中的"孤坟"衔接;例(28)中,"不用说"后的句子③是与句子①衔接的,句子②是插入成分,去掉它,语篇仍然是连贯的。

　　第二种,衔接叙事与说明。如:

(29) 我在中国见到的许多商人都向我表述了他们对美元与人民币兑换关系的关切。**不用说**,弄清人民币这一独特的变化对许多外国商人来讲具有重大的关系。(北京大学 CCL 语料库)

(30) 笔者有一次乘坐郊区的小公共汽车,每客 2 元。有人提出要票,**不用说**,准是要回去报销。(北京大学 CCL 语料库)

(31) 开河开到了黄陵冈,有几个民工挖呀挖呀,忽然挖出一座石人来。大家好奇地聚拢来一瞧,只见石人脸上正是一只眼,不禁呆住了。这件新鲜事又很快地在十几万民工中传开来,大家心里都想,民谣说的真的应验了,既然石人出来,天下造反的日子自然来到了。

　　　　不用说,这个石人是韩山童事先偷偷地埋在那里的。(墨人《中华上下五千年》)

　　例(29)中,前文陈述一个事件,即"很多商人表述对美元与人民币兑换关系的关切",后文主要说明为什么"许多外国商人"有这样的表现;例(30)中,前文陈述事件"有人要票",后文解释为什么这样做是为了"回去报销";例(31)前一个段落陈述"民工挖到了石人","不用说"引出的句子说明"这个石人"是怎么来的。

　　第三种,衔接说明与观点,如:

(32) 这种津贴是浮动的,只有在承担基础性研究课题时才能享受,并且与他们的研究工作的质量和水平挂钩。

　　　　不用说,从事基础性研究的人员也应发扬奉献与牺牲精神。(北京大学 CCL 语料库)

　　这类用法中,前文主要说明一个情况,后文是言者对前文情况的看法。如例(32)中,前文说明"津贴"与"承担基础性研究"的关系,后文补充自己的观点,"承担基础性研究课题可以享受津贴,但是相关人员也应发扬奉献与牺牲精神"。

第四种,衔接叙事与观点。如:

(33) 结果斌偷偷拉走了军的客户,军也悄悄与斌的客户签了合同。两个
　　　人相视苦笑,**不用说**,友情在尔虞我诈的商业竞争中已不复存在。
　　　(北京大学 CCL 语料库)

例(33)中,前文是说已经发生的事情,即"相互拉对方的客户",言者基于
这个事件想到的结果即"两个人关系破裂了"。

9.2　总结类衔接词的语体选择性

9.2.1　"总而言之"的衔接功能

"总而言之"的衔接功能主要有两种。

第一种,衔接观点与观点。如:

(34) 洪秀全想打倒清朝,恢复汉族的自由,这当然是我们应该佩服的。
　　　他想平均地权,虽未实行,也足表现他有相当政治家的眼光。他的
　　　运动无疑的是起自民间,连他的宗教,也是迎合民众心理的。但是
　　　他的人格上及才能上的缺点很多而且很大。倘若他成了功,他也不
　　　能为我民族造幸福。**总而言之**,太平天国的失败,证明我国旧式的
　　　民间运动是不能救国救民族的。(北京大学 CCL 语料库)

这类用法中,前文一般从两个或以上的方面表达言者的观点,"总而言之"
后用简洁的话来进行概括。如例(34)中,前面提到"洪秀全运动起自民间、宗
教迎合民众、人格上有缺点"等,这些都可以反映出他发起的只能是"旧式民间
运动","不可能救民族"。

第二种,衔接叙事与观点。如:

(35) 小梅一两岁,母亲教她喊"旺古叔叔"。旺古听不见,只见女孩儿小
　　　嘴咏成花骨朵,时不时向他一绽一闭。旺古抱小梅,亲小梅,带她到
　　　河岸放风筝,带她下河洗澡,将她赤条条扛肩上,颠颠地跑,逗得小
　　　梅咯咯笑。小时侯,小梅亲近旺古,比亲近父母更多。到了五六岁,
　　　小梅最懂旺古的"语言",旺古每一举手投足,小梅都能心领神会。
　　　常常是父母弄不懂旺古的"话"时,小梅就准确无误地加以阐明。喜

得旺古抓耳挠腮,连连击掌。**总而言之**,在那寂寞的时空里,小梅是旺古的快乐和安慰,心中的太阳和月亮。(叶蔚林《割草的小梅》)

(36) 我发现我不会削苹果。经过艰苦的努力我才学会补袜子。我怕上理发店,怕见客,怕给裁缝试衣裳。许多人尝试过教我织绒线,可是没有一个成功。在一间房里住了两年,问我电铃在哪儿我还茫然。我天天乘黄包车上医院去打针,接连三个月,仍然不认识那条路。**总而言之**,在现实的社会里,我等于一个废物。(张爱玲《天才梦》)

例(35)中,前文分别陈述了"小梅一两岁""到了五六岁"等时间段与"旺古"的关系,后文是对"这段时间"小梅对于旺古的意义的总结,是言者的看法;例(36)中,前文提到"不会削苹果""很难学会补袜子"等诸多对一般人来说很容易的事情"我都不能做到",所以认为"自己等于一个废物"。

9.2.2 "总之"的衔接功能

"总之"的衔接功能主要有四种。

第一种,衔接叙事与说明。如:

(37) 他们都是双手反缚,两腿折断,遍体刺伤,开膛破腹。**总之**,是被弄得四肢残废,再从船上被投入海中。(北京大学 CCL 语料库)

(38) 有了 MBA 的理论指导,方杰得以在工作实践中大显身手:美国的 MRP—II 管理模式、日本的准时化生产方式,顿时立竿见影:仓库中零部件的存放周期缩短了,生产过程中的浪费现象减少了,物流更加科学清晰了……**总之**,带来的直接效益是,产品成本降低了。(北京大学 CCL 语料库)

例(37)中,陈述的是事件发生时的具体情况,"总之"后的"四肢残疾"是对这一情况总的说明;例(38)中,前文陈述的是"在 MBA 理论指导下方杰工作"的变化情况,包括"生产方式、零部件存放周期、浪费现象、物流"等,后文是总括地说"带来的核心变化"。这类用法中,前文一般是具体叙事,后面是对叙事的总结,是说明。

第二种,衔接说明与说明。如:

(39) 头螨可以吞食皮囊上皮细胞,使毛囊扩张。头螨还可以侵蚀头皮内的皮脂腺,使毛囊缺乏养分而萎缩,这会引起头发的脱落。同时,它们还会制造垃圾,引起头皮各种炎症。更可怕的是,头螨的寿命虽然只有 15 天,但是它的产卵和繁殖速度特别快,还有一定的传染性。**总之**,头螨这种寄生虫的存在会严重影响头发的正常生长。(青花檀《柔美人,"强"秀发》)

(40) 人参主要用于治疗中枢神经系统疾病、心脑血管疾病、肝脏疾病、免疫系统疾病,还能抗休克、抗衰老。**总之**,人参的用途很多,且含有的大量的营养物质。(青花檀《柔美人,"强"秀发》)

例(39)中,前文从三个方面说明了头螨对头发的影响,还说明了其"繁殖速度"和"传染性",最后总的说明其对头发正常生长的严重影响;例(40)中,前文说到人参的多种具体的用途,后文总结其"用途很多"。这类用法中,前文是多方面的具体说明,后文是总括性的说明。又如:

(41) 说丁作明"兴",是指他"不服气";所谓"加加温",就是要给丁作明一点颜色看,可以施以体罚、殴打,必要时,甚至可以采取一切手段,**总之**,要被处理者招供认账为止。(陈佳棣、春桃《中国农民调查》)

例(41)中,前文从几个方面说明整治丁作明的情况,"总之"后是对"对付他的程度"的总结。

第三种,衔接观点与说明。如:

(42) 许多女性饭后喜欢直接固定在某一处或聊天或看电视,造成身体虚胖。专家建议女性饭后多做一些家务劳动,例如刷碗、扫地,或者走出家门散散步。总之,要强迫自己饭后运动 15 分钟,但不要太剧烈。(北京大学 CCL 语料库)

例(42)中,专家的"建议"实际上就是其观点,后文是对这一建议的概括性的说明。

第四种,衔接叙事与叙事。如:

(43) 李嘉诚的长江厂此前在香港几乎无人知晓,可是,只因为塑胶花一上市,不但长江厂名声大噪,李嘉诚也跟着大出其名。一些寻常市民的家里,也纷纷购买了姹紫嫣红的塑胶花,有些出租的士的车窗口也插上了这样的塑胶花,在香港和九龙大街上招摇过市,当起了李嘉诚长江厂的义务宣传员。而意大利进口的高档塑胶花居然在英资百货连锁店被束之高阁,无人问津。李嘉诚大获成功,所有一

切均源于他当初因地制宜而拟定的"低价位,多销点"的经商之策,
如果他不把价位走低,也许产品刚出厂便会遭到意大利产品的无情
冲击。

　　总之,这次李嘉诚成功了!(窦应泰《李嘉诚家族传》)

(44) 从那以后,直到我们走进路营,八年过去了,路营的村民再没见到过
丁言乐一家人。有人说他们去了上海或是南京,有的说他们去了海
南或是深圳,**总之**,背井离乡,在外靠打工谋生。(陈佳棣、春桃《中
国农民调查》)

　　例(43)中,前一个段落陈述的是"李嘉诚因为塑胶花成功"的具体过程,是
详细的叙事,"总之"后是对这一过程的总结,"成功了"中有"了",表明其仍然
是叙事。例(44)中,前文主要从两个方面陈述丁乐言一家相关的情况,一方面
是没人见过,另一方面是"有人说"的情况,"总之"后是综合这两个方面来看,
这一家"在外打工谋生"。

9.2.3　"总的看来"的衔接功能

　　"总的看来"的衔接功能主要有两种。

　　第一种,衔接观点与观点。如:

(45) 我看她身体挺好,尽管她走路要拄着拐杖。我知道那是因为不久前
她摔了一跤。**总的看来**,她的健康状况挺好,这我刚才说了。(〔英〕
阿加沙·克里斯蒂《沉默的证人》)

(46) 他是一位有创见的伟大思想家,在他年富力强时,也是一位果断的
实干家。**总的看来**,我所认识的现在已经成功的领导人中只有几个
人既是思想家又是实干家。(北京大学 CCL 语料库)

　　例(45)中,虽然"她走路要拄着拐杖"是叙事,但这个句子的主要内容"我
看她身体挺好"是个人观点,后文中"她的健康状况挺好"也是观点;例(46)中,
前文中有两个"是"字句,表达个人的观点,后文中说的虽然是"我所认识的已
经成功的领导人"的情况,但是实际上表达的是个人对"他"的看法,即"他这样
的人是比较少的",是观点。

　　第二种,衔接说明与说明。如:

(47) 近几年来,政府用于基础设施建设的投入不断增加,水电路、机场改

造、港口建设、城市公用事业和环境保护等,都取得了较大的进展。**但总的看来**,基础设施建设还很不适应形势的要求,仍然是制约经济发展的瓶颈。(《人民日报》1998 年)

(48) 由于这是一篇篇专题报告,为了便于讲,便于记,条理分明,但叙述流入刻板。当然,书中不乏引人入胜的章节,而**总的看来**,太偏重于工作总结式,或讲大课式。(北京大学 CCL 语料库)

(49) 提到梅花的也不少,有 7 个。另外被提名的,还有菊花、月季和兰花,**但总的看来**,范围已经<u>大大缩小</u>了。(北京大学 CCL 语料库)

例(47)中,前文从多个方面说明"取得了较大进展",后文从总的方面来说明是否满足发展需求,"仍然是制约经济发展的瓶颈"(还没有达到要求);例(48)中,前文是具体说明这篇"专题报告"的特点,后文是从总体方面对其特点的说明;例(49)中,前面具体说明"提名的花卉",后文从范围角度说明,"已经大大缩小了"。这类用法中,后文说明部分多数与前文在语义上有转折关系,常常出现"但是""而"等表示主观性的词语。

9.2.4　"一句话"的衔接功能

"一句话"的衔接功能主要有四种。

第一种,衔接说明与说明。如:

(50) 制度刺激人们追求和创造财富,制度也打开了潘多拉盒子,让贪欲飞出来,令富人和官员随心所欲地占有财富创造者所创造的财富。**一句话**,是制度导致人性的异化,也扭曲了历史的轨迹。(北京大学 CCL 语料库)

(51) 技改主要不是为了借机扩规模,也不是为了摆样子,中心目的是增强企业的市场竞争能力,从而提高企业的经济效益。**一句话**,技改必须争取最佳效益。(北京大学 CCL 语料库)

(52) 往后作战,一要坑鬼子,二要蒙鬼子,三要哄鬼子,四要骗鬼子。**一句话**,就是要设圈套给鬼子钻。(北京大学 CCL 语料库)

例(50)中,前文是具体说明"制度"对人的各方面的影响,"一句话"引出总结"异化人性""扭曲历史轨迹";例(51)中,前文从几个方面说明了对"技改"的看法,"一句话"总结了其核心即"争取最佳效益";例(52)中,前文说明了"对付鬼子"的四种方法,"一句话"总结为"设圈套给鬼子钻"。

第二种,衔接叙事与观点。如:

(53) 按工期需要两年时间,可我们一天四班昼夜施工,去年 7 月开工,年底就通车了。**一句话**,去年太忙了。(北京大学 CCL 语料库)

(54) 张士舜创办的华光中医现代化研究所和华光肿瘤医院这几年发展很快,取得了可喜的经济效益和社会效益,是全省民办科技的先进单位。这与张士舜的科技成果分不开。**一句话**,没有张士舜就没有华光所和华光医院。(北京大学 CCL 语料库)

例(53)中,前文具体陈述"一年中"的具体情况,后文总结为"太忙了";例(54)中,前文具体陈述"张士舜"所做的工作,后文据此总结"没有张士舜就没有华光所和华光医院"。

第三种,衔接叙事与说明。如:

(55) 1992 年周口地区瓜果大丰收,但由于道路不好,一下雨开不了车,大都烂在地里、树上。**一句话**,运输难一度阻碍了周口经济的发展。(北京大学 CCL 语料库)

(56) 他们的夏令营向社会公开招生,每个报名的孩子需交纳折合 7 000元人民币的日元。**一句话**,日本人愿意花钱送孩子到国外历险受罪。(北京大学 CCL 语料库)

例(55)中,前文主要陈述"1992 年周口地区瓜果"的情况,"丰收了,但是结果不好",最后"一句话"说明主要原因,"运输难";例(56)中,前文陈述日本夏令营缴费的情况,"一句话"是说明这种情况出现的原因。

9.3　小　　结

本章主要考察了常规推理类和总结类的衔接词的衔接功能。从衔接的情况看,虽然这些衔接词的衔接功能有一定的差异,但是它们的顺序有一定的规律,也就是前文一般比后文的内容要客观一些,一般情况如下:叙述＞说明＞观点。衔接词的衔接功能除了同类衔接外,还有"叙事与观点""叙事与说明""说明与观点"等。

第十章　结果类衔接词的语体选择性

一般情况下,"结果"有两种情况,一种是没有预期的,一种是有预期的。第一种可以看作常规结果,第二种又分为两种情况:一是结果与预期一致,可以看作合预期的结果;二是结果与预期相反,可以看作反预期结果。以下依据这三种情况考察相关衔接词的功能。

10.1　常规结果类衔接词的功能

10.1.1　"终于"的衔接功能

第一种,衔接叙事与叙事。如:

(1) 她还走入阴森可怖的岩洞,去捕捉蝙蝠。**终于**,她找到了所有的配料,配制成了一小瓶"魔水"。(北京大学 CCL 语料库)

(2) 我一边注意空中的炮弹声,一边领着两个孩子往机场摸去。**终于**,我们爬进了这条 800 米长的地道。(张健《战火中飞出的和平鸽》)

例(1)中,前文陈述的是"她"的动作行为,后文是这个动作行为产生的结果,"配制成了一小瓶'魔水'";例(2)中,前文陈述的是"我"的动作行为,后文"爬进地道"是发出这些动作行为的目的。

第二种,衔接叙事与描写。如:

(3) 又是十年过去了,一千五百名台上人动用土石四十二万立方米,投工二百三十二万个,在七平方千米荒谷,修建谷坊 361 座,环山路六千米,深挖鱼鳞坑一万二千多个,种植黑松、毛白杨三万株,开发果园七百亩,形成乔、灌、草相宜的全封闭植被。**终于**,秃岭披上了绿装、荒坡穿上了花衣、谷底流出了清溪。(北京大学 CCL 语料库)

(4) 在生态建设方面,经过千千万万科技工作者和广大劳动人员与天斗,与地斗,与大自然斗,**终于**,一条巨大的绿色"长龙",气势磅礴,蜿蜒起伏于漠野戈壁、荒山秃岭之间……(北京大学 CCL 语料库)

例(3)中,前文主要陈述所做的工作,后文是描写语篇,是前文所陈述的工作产生的结果;例(4)中,前文是陈述"千千万万科技工作者和广大劳动人员"所做的工作,后文是这些工作使"沙漠产生了巨大变化"。

"终于"衔接前后语篇时,一般出现的结果是常规的、期望的,其同时还凸显这个结果出现得不容易,或者过程比较长,等等。

10.1.2 "结果"的衔接功能

第一种,衔接叙事与叙事。如:

(5) 有的人甚至在这八个字的掩护下,边整边犯,边"检讨"边吃喝。**结果**,"请吃"和"吃请"日盛,成为一股"难煞"的歪风。(北京大学 CCL 语料库)

(6) 自育的苗木远不够供应,他就跑外县、跑出省联系调回。**结果**,4 年工夫,他纯赚 20 多万元。(北京大学 CCL 语料库)

例(5)中,前文陈述的是"有的人"的做法,是叙事,后文是这样产生的结果;例(6)中,前文陈述"他"所做的工作,后文是这些工作带来的收益。

第二种,衔接叙事与说明。如:

(7) 茶山归生产队后,各生产队安排劳力管好茶,积极性很高。**结果**,三百多亩茶山比前年增收茶叶三十五担,增加收入八千多元。(北京大学 CCL 语料库)

(8) 研究人员给每位患者每天注射几微克"特克丁"两次,一连注射 4 天,**结果**,70%的病人疼痛程度减轻,有的病人能连续 15 天不痛。(北京大学 CCL 语料库)

例(7)中,前文陈述的是"茶山归生产队"后产生的变化,后文说明这种变化带来的结果;例(8)中,前文陈述研究人员对患者所做的工作,后文说明产生的结果。

第三种,衔接说明与说明。如:

(9) 过去我们重视农业问题,没有把农民问题提到应有的高度来解决,**结果**,"三农"问题越积越多。(北京大学 CCL 语料库)

(10) 可是,不少地方派蹲点干部时,往往是哪位抽得开身哪位去,哪位年轻哪位去,有的单位甚至搞"轮流下乡"。**结果**,一些蹲点干部由于专业不对口,有劲使不上,不能为群众解决实际问题,而农民急需的技术管理人员却经常在机关"闲置"。(北京大学 CCL 语料库)

例(9)中,前文说明"过去对农民问题的重视程度不够",后文说明带来了不良的后果;例(10)中,前文具体说明"干部蹲点"的做法,后文说明这一做法产生的不好结果。

总的来看,"终于"主要衔接符合常规的结果,而"结果"通常衔接令人没想到的结果("情理之中,意料之外"的结果)。与后文将要分析的两类衔接词相比,这类衔接词衔接的前后部分主要是客观陈述或描写,而后两类与某个对象的预期有关,对结果有一定的主观看法。

10.2　合预期结果类衔接词的衔接功能

所谓"合预期"是指出现的结果与某个对象的预期相一致的情况,比如某次考试的成绩是"良好",而当时考试结束后自己估算的也是"良好",那么这个成绩就是合预期的。以下主要讨论合预期结果类衔接词的功能。

10.2.1　"果不其然"的衔接功能

第一种,衔接叙事与叙事。如:

(11) 6 月 26 日,乡里给我捎来了口信,让我到乡农资品经销站去取化肥。我心想,怕又是"公仆"弟弟给我准备的。**果不其然**,由于这几天工作太忙,他来不了,因怕耽误了施肥期,就托人在乡农资品经销站买下了四袋化肥。(北京大学 CCL 语料库)

(12) 这位母亲爱心十足,涵养很深,只不过拉起儿子回家而已。想不到儿子却不干了,口口声声要"回家拿刀砍了你!"**果不其然**,此儿到家就猝不及防地给了他妈一刀。(北京大学 CCL 语料库)

例(11)中,前文猜测是"弟弟给我准备的",后文陈述事件的具体情况符合"我"的猜测,是合预期的结果。例(12)中,前文叙述孩子说要"回家拿刀砍了你",后文真的"给了他妈一刀",结果也是合预期的。

第二种,衔接观点与叙事。如:

(13) 当时便有人预料,你有"太阳牌",别人会造出"月亮牌""星星牌"……**果不其然**,不出数月,便有不少非西安正宗的锅巴问世。
（北京大学 CCL 语料库）

(14) 齐金蝉却暗自偷笑,敢情来了老前辈,秦郎、毛太注定要栽斤斗。**果不其然**,两人被吓得屁滚尿流,夺路而逃。（北京大学 CCL 语料库）

例(13)中,前文提到"有人预料",后文"不少非西安正宗的锅巴问世"与这个预料一致,是合预期的事件;例(14)中,"敢情"后的内容是"齐金蝉"的猜测,后文"两人被吓得屁滚尿流,夺路而逃"与猜测一致。

10.2.2 "果然"的衔接功能

第一种,衔接观点与叙事。如:

(15) 开始在晋冀鲁豫,用刘伯承同志的话说,这里是华北解放区的大门,敌人要进攻首先就从这个口子来。**果然**,毛主席到重庆谈判的时候,敌人从两路来。（北京大学 CCL 语料库）

(16) 看小鹿与他的亲热劲儿,就知道彼此之间感情不薄。**果然**,60 多头鹿,他不但能一一叫出名字,就连它们的年龄、体重、嗜好等也都了如指掌。（北京大学 CCL 语料库）

(17) 1994 年 12 月 28 日,平顶山尼龙 66 盐项目正式开工。有人说,这是机遇,也是难题。**果然**,开工不久,一个个困难接踵而至……（北京大学 CCL 语料库）

例(15)中,前文中有"用刘伯承同志的话说",表明其后的内容是"他"的观点,后文"敌人从两路来"与这一观点一致;例(16)中,前文中"就知道"表明其后内容是一种预期,后文中陈述的"不但能叫出名字,而且能了解其他细节"的情况与预期一致;例(17)中,"有人说"表明"是难题"是有预期的,后文"一个个困难接踵而至"与预期一致。

第二种,衔接叙事与叙事。如:

(18) 沉默了好长时间,我开始试探他的价格,在来这儿的路上,我就听词作者给我介绍,他的要价一般在 3 万元左右。**果然**,他开口的价码就是 3 万。（北京大学 CCL 语料库）

(19) 11 点多钟,睡了一会儿的妻子见没有听到丈夫那熟悉的呼吸声,立即警觉地坐起,**果然**,令人震惊的不幸发生了:叶子新因劳累过度,

心脏病突发,突然停止了呼吸!(北京大学 CCL 语料库)

(20) 刘玉荣聘请了几位退休老师傅,一道道工序严格把关。**果然**,头一批皮鞋就受到好评。(北京大学 CCL 语料库)

例(18)中,前文中的"词作者给我介绍",说明"3 万元左右"是文中"词作者"的预期,后文"开口的价码就是 3 万"也是叙事,符合预期。例(19)中,前文是"立即警觉地坐起",传递的信息是"怕有不好的事情发生",后句陈述的是"不好的事情真的发生了"。例(20)中,前文中"聘请几位老师傅"做的工作,后文"受到好评",都是叙事,结果也符合预期。

第三种,衔接说明与叙事。如:

(21) 隔壁的农民一次在住处附近的河边潭里捉到一条四、五斤重的黑鱼,他并不走开,说,黑鱼总是成对的,这里一定还有一条雌鱼。**果然**,没过半小时,他又捉起了另一条,一起拎回家去了。(北京大学 CCL 语料库)

(22) 但他们却忽视了一个很重要的因素:由于 1930 年开始的世界性经济危机的影响,国际邮市出现了前所未有的呆滞,贵重的邮票都不易脱手。**果然**,这枚珍邮在拍卖场上遭到了惊人的冷遇。(北京大学 CCL 语料库)

例(21)中,前文中提到"黑鱼总是成对的",说明预期是"还有一条雌鱼",后文中"他又捉起另一条",符合预期;例(22)中,前文提到"贵重的邮票都不易脱手",后文的"这枚珍邮在拍卖场上遭到了惊人的冷遇"符合这个预期。

有的时候,衔接的对象不是直接相邻的小句或句子,属于间接衔接。如:

(23) 他们首先不安于死守在盆地之中,他们冲出去,去见大的世面。待到真的冲出去,**果然**,外面的世界很精彩。(北京大学 CCL 语料库)

(24) 他们琢磨出,三亚的气温比家乡高,这就是症结。据此,他们精心改进了工艺,**果然**,做出的糖块既香又软。(北京大学 CCL 语料库)

例(23)中,"果然"前"待到真的冲出去"不是与后句直接衔接的,"外面的世界很精彩"是与第一个句子中"去见大的世面"直接衔接的,这个句子中,"果然"可以前置到"待到"所在小句的句首。例(24)这个语篇之前,还有一段文字:"还是再拼一拼吧,也许能拼出一线希望来",这是"他们"的预期,"做出的糖块既香又软"符合这个预期。

10.2.3 "果真"的衔接功能

第一种,衔接叙事与叙事。如:

(25) 公元 138 年,地动仪西边的一个铜球掉下来,它表示在西边方向发生了地震。**果真**,地处西边的陇西发生了地震。(北京大学 CCL 语料库)

(26) 我心中暗叫不妙,我知道诗诗立刻要反嘴了。**果真**,他不屑地说:"我才不要赢别人!"(北京大学 CCL 语料库)

例(25)中,前文中"铜球掉下来表示在西边方向发生了地震"是预期,后文"地处西边的陇西确实发生了地震"符合预期;例(26)中,"我知道"表明引出的小句是预期,后文"他不屑地说"符合这个预期。

第二种,衔接观点与叙事。如:

(27) 接见完毕他对伙伴说的第一句话便是:"这事对我的过去是个美好的分号,对我的将来却是意味深长的顿号。"**果真**,姜伟的预言应验了!(北京大学 CCL 语料库)

(28) 老曹常说"凡事就怕琢磨"。**果真**,经过十余年的"琢磨",他终于摸索出了一整套切实可行的操作规程,攻克了世界上微型小孔的加工难关。(北京大学 CCL 语料库)

例(27)中,前文中"他"说的话就是"他"的观点,后文事实符合"他"说的话;例(28)中,前文中"凡事就怕琢磨"是预期,后文"攻克了加工难关"与预期一致。

有的时候,前后文之间不是直接衔接。如:

(29) 去年,一位日商订购一批高密织物,他从南到北考察了 20 多个纺织厂也不能如愿,最后慕名来到二棉。**果真**,不出一个月便拿出了满意的样品,日商十分惊喜,当即签订订货合同。(北京大学 CCL 语料库)

例(29)中,"果真"并不表示其前文中存在预期,预期在未摘录的篇章中,其中提到"月亮走我也走,市场转我也转","果真"后的内容与这个预期一致。

10.3 反预期结果类衔接词的语体选择性

王天佑(2019)指出,作为话语标记的"说实话""老实说"都属于"示诚"类话语标记,主要用于说话人主动向听话人标示自己的坦诚态度。刘伯奎(2004)指出,"老实说"的强化功能主要体现在明确其前后话语之间的逻辑关系上。潘晓军(2016)认为"事实上"与"实际上"在连用成分的一体化、表义成分的专一化和语音单位的弱化等因素共同作用下,逐渐固化成词;在表义上由主观对比发展到主观评注,呈现出话语标记的特征。在主观视点及语体范围中,二者也呈现出不同的表达功能及语域环境。"事实上"偏重真实性,在表述中会强调客观性;而"实际上"含有不确定性,主观性较之"事实上"强。方清明(2016)认为"实际上"与"其实"本质差异在于前者常用于独白体,是自言性标记;后者常用于对话体,是非配合性互动标记。"实际上""事实上""其实"在语义虚实、习惯搭配、语体等方面的分工有所不同。纪萍(2022)通过语料统计和事实描写,指出"老实说"在功能层次上有从行域到知域再到言域的虚化表现。从衔接角度看,以上这类词都表示结果是反预期的,主要有"其实""事实上""实际上""老实说""说实话"等,以下主要考察它们的衔接功能。

10.3.1 "老实说"的衔接功能

第一种,衔接叙事与叙事。如:

(30) 有一部片子里竟然出现了京戏,李万春唱《古城会》,卖瓜子的,扔手巾把的……**老实说**,他在农村长大,并没见过这些场面,可是他觉得亲切,温暖,像是一下子回到了祖国。(邓友梅《邓友梅选集》)

(31) 前两天在报上看到了"日本推理小说家松本清张病逝"的消息。**老实说**,并没有什么悲哀,而且,似乎也轮不到我来悼念他。(刘心武《刘心武选集》)

例(30)中,前文陈述看某一部片子的情况,后文是当时的感觉,两件事是同时发生的,一是电影的情况,二是看电影时的感觉,"老实说"语义上的辖域是"他在农村长大,并没见过这些场面",但在这个语篇中"可是"所衔接的内容也是必有成分。例(31)中,前文陈述的是"我"看到的消息,后文是看到消息的反应。这类用法中常常存在一种转折关系,这种转折关系可以存在于后文中,如例(30)的后文中有"可是",例(31)中按常理"看到别人病逝"的消息应该有悲哀等情绪发生,但实际情况是"并没有什么悲哀"。

第二种,衔接观点与观点。如:

(32) 也许还有人相信抗日的"准备论",这更是大错。我们不要把日本当傻瓜,认为我们会准备人家不会准备。**老实说**,我们准备得还不到五分,人家已经准备到十分了,试问这样准备有什么用呢?(陈廷一《蒋氏家族全传》)

(33) 你的问题的确有些困难。**老实说**,你想打佩珠的主意,不见得就有把握。(巴金《雨》)

例(32)中,前文表示自己的看法,即"不要认为我们会准备人家不会准备",后文则认为可能"我们准备得不到五分",人家可能"已经准备十分了",都是表达观点的,最后提出语篇的中心观点"试问这样准备有什么用呢"。例(33)中,前文说明自己的观点是"你的问题的确有些困难",后文说明对对方想法的看法,"因为有些难,所以不见得有把握"。

第三种,衔接说明与观点。如:

(34) 我年纪轻,能力不大,经验有限,**老实说**,要我当区店经理是不理想的,也不适合的。(周而复《上海的早晨》)

(35) 这条线上的人物和情节都是虚构的,它是为了辅助小说的主线和副线的展开而设置的。**老实说**,这部小说如果摒除了这条线,是完全可以写下去、完全可以读下去的。(北京大学 CCL 语料库)

例(34)中,前文说明"自己的"情况,后文表示基于此,认为自己当区店经理不理想、不合适;例(35)中,前文是说明人物和情节的情况,后文在此基础上表明自己认为这条线不对主线产生影响。这类用法中,前文是说明情况、表明原因,后文是在这个情况或原因的基础上表达言者的个人观点。

第四种,衔接叙事与观点。如:

(36) 你们竟那样大惊小怪,**老实说**,太无知了。(雨果《悲惨世界》)

(37) 来到台湾,天天忙着过活,大陆上的事情,竟逐渐淡忘了。**老实说**,要不是在新生社又碰见朱青,我是不会想起她来了的。(白先勇《一把青》)

这类用法中,观点是基于叙事做出的判断,如例(36)中,前文陈述事件"你们竟那样大惊小怪",后文由此得出自己的观点,你们"太无知了";例(37)中,前文说的是"离开大陆后"出现的情况,后文用的是假设句,是言者的个人观点,因为其他情况也可能诱发"想起"这个结果。

第五种,衔接观点与叙事。如:

(38) 从目前的情况看,我确实有责任,我的判断也确实有问题,**老实说**,我现在的心情很沉重,大家也一样。(张平《十面埋伏》)

(39) 多出去找找朋友,别老一个人闷在屋里看书,会把情绪弄消沉的。**老实说**,我担心你。(王朔《过把瘾就死》)

(40) 谭招弟很奇怪,郭彩娣为啥那么快认错,**老实说**,她自己对这件事还要保留意见。(周而复《上海的早晨》)

这类用法有几种情况,一是前面的观点是后续事件的原因,如例(38)中,前文中有两个"确实",表明"我有责任、判断有问题"是个人看法,这个观点是"我现在心情很沉重"的原因。二是后续事件是前面观点的原因,如例(39)中,后文是"我担心你",前文是一个祈使句,实际上表达的是"你应该如何"的主观看法;例(40)中,前文是"谭招弟"的看法,即"对郭彩娣那么快认错感到奇怪",原因在于"她自己对这件事保留意见",也就是"不认为郭彩娣是错的"。

10.3.2　"说实话"的衔接功能

易正中、王立杰(2013)探讨了"说实话"的虚化过程,认为其经历由行域到知域、再到言域三个阶段,当后指时,表示一种承诺和保证,属于言域。从具体用法看,有些"说实话"虽然独立使用(后有逗号为标记),但不一定有衔接功能。如:

(41) 最后,老初才说:"**说实话**,地是想要的,地是命根子,还能不要? 就是怕……"(周立波《暴风骤雨》)

(42) 领导通知我下岗回家待业时,**说实话**,我流泪了。(北京大学 CCL 语料库)

(43) 记者感到很诧异,再次上下打量了一下张女士。**说实话**,张女士的身材保持得很好,丝毫看不出刚生过孩子。(北京大学 CCL 语料库)

例(41)中,"说实话"在一个话轮的最前面,而且后面的内容不是直接与前一个话轮相关的,所以"说实话"只表明态度,不衔接两个小句。例(42)中,"说实话"前是一个表示时间的短语,所以"说实话"不可能衔接两个小句,而且它可以前置到句首,即"说实话,领导通知我下岗回家待业时,我流泪了"。例(43)中,"说实话"在一个句子的最前面,但是其主要表示情态,不具有衔接功能,表现在两个方面:一是可以后置到其所在句子的中间,即"记者感到很诧异,再次上下打量了一下张女士。张女士的身材保持得很好,说实话,丝毫看不出刚生过孩子";二是可以删除,删除后原语篇仍然是衔接和连贯的。"说实话"的衔接功能主要有三种。

第一种,衔接观点与叙事。如:

(44) 大哥,我知道您聪明,可没想到您这么聪明!**说实话**吧,今天您要是不认错儿,我已经准备好了,拆您的班子!(北京大学 CCL 语料库)

(45) 今天大家见了面,以后就好说话了。**说实话**,刚开会的时候,我简直不敢过去!(北京大学 CCL 语料库)

这类用法中,前文说明一个观点或认识,后文进一步证明。如例(44)前文的内容是"没想到您这么聪明",后文从"您这么及时认错"可以证明;例(45)中,之所以认为"以后就好说话了",是因为见面前,"我不敢过去",也就是害怕不好交流。

第二种,衔接叙事与叙事。如:

(46) 欧文在利物浦俱乐部官方网站上说:"很遗憾,这样的恐吓信越来越多地出现在足球界。**说实话**,以死亡来要挟我离开球队的恐吓信我收到了不计其数。"(《北京娱乐信报》2004 年)

(47) 我看到过你的画,也在报上看到过关于你的报道。**说实话**,我喜欢你那种表现式的写实。(卞庆奎《中国北漂艺人生存实录》)

例(46)中,前文说的是"恐吓信越来越多"这件事,后文补充自己亲身经历的事实进一步证明;例(47)中,前文陈述的是"看过画和报道",后文补充说明自己对"画"的感情。

第三种,衔接叙事与说明。如:

(48) 我用手触摸着这块石碑,是那么的冰凉冷清。**说实话**,这座纪念碑在当时可能是相当巍峨高大的,但现在却不那么显眼了。(北京大学 CCL 语料库)

(49) 行车五天我们交谈很少,**说实话**,你的四川方言我也听不大懂。(北京大学 CCL 语料库)

这类用法中,一般前文是叙事,后文是补充说明信息。如例(48)中,前文是陈述"我"与"石碑"之间的事,后文补充说明关于"石碑"的一些信息;例(49)中,前文陈述"我们交谈少",后文补充说明原因,"我不太听得懂你的四川方言"。

在少数用法中,"说实话"后文的辖域可能是两个或以上的句子。如:

(50) 那天深夜,我坐在灯下,心乱如麻。**说实话**,我答应下来,并非全是因为同情,我很喜欢莫雅,她简直就是我的梦中情人! 可是,想到她的双腿,我胆怯了。(北京大学 CCL 语料库)

在这个句子中,"说实话"所管辖的范围不仅包括其所在的句子,还包括"可是"所在的句子,因为如果去掉后面一个句子,这个语篇传递的信息是不完整的。如果只是"我很喜欢莫雅,她简直就是我的梦中情人","我"就不会"心乱如麻"了,所以后面一个句子也应该看作"说实话"衔接的成分。

10.3.3　"其实"的衔接功能

叶建军(2022)认为,"其实"相当于"实际上",表示下文所说的是实际情况,具有表示实情的关联功能,不过也兼有表示逆接或转折的关联功能。衔接功能主要是以下几种。

第一种,衔接说明与说明。如:

(51) 我们已经知道,封建时代人的行为受礼的约束。**其实**,礼不仅约束个人行为,而且约束各国行为。(北京大学 CCL 语料库)

(52) 古人以为恒星的相对位置是不变动的。**其实**,恒星不但自转,而且都以各自的速度在宇宙中飞奔,速度比宇宙飞船还快,只是因为距离太遥远,人们不易察觉而已。(北京大学 CCL 语料库)

例(51)中,前文中有"我们已经知道",其引发内容为说明,后文中提到"不仅约束人,而且约束国家",是进一步的说明。例(52)中,前文中有"古人以为",其引出的内容"恒星的相对位置是不变动的"也是说明,后文与前文是转折关系,表示恒星不仅自传,而且速度很快,是从另外一个角度的说明。

第二种,衔接叙事与观点。如:

(53) 我总是自信满满地认为,什么事情到了我手里都能解决。**其实**,对

于新毕业的小朋友来说,这是很重要的一个积极工作态度。(北京
大学 CCL 语料库)

(54) 还有人把战胜对手当成成功的标志,**其实**,真正的制胜之道,不在于
屈人之兵,而在于化敌为友。(北京大学 CCL 语料库)

例(53)中,前文"总是自信满满地认为"是惯常性事件,后文是对这一情况
的看法;例(54)中,前文"把……当成……"属于叙事,后文是言者的主观看法,
可以加上"我认为"等。

第三种,衔接叙事与说明。如:

(55) 摔过一次之后,她就不怕了。她爬起来继续往下滑。**其实**,她当时
也没有别的选择。因为她和艾达是被吊车拉到雪山顶的。她如果
不往下滑,就必须爬回雪山顶。(北京大学 CCL 语料库)

(56) 在洛杉矶的加利福尼亚理工大学附近有一座飞机场,飞机场的一个
角落有一个被隔离的飞机库,这里戒备森严,没有人知道里面是做
什么的。**其实**,这里就是休斯工具公司一个秘密研制新型飞机的工
厂。(北京大学 CCL 语料库)

这类用法,前文是叙事,后文补充说明事件中一些做法的原因等。如例
(55)中,做法是"她爬起来继续往下滑",后文补充说明这样做的原因是别无选
择。例(56)中,前文有描写和叙事,与后文相关的主要是叙事,陈述"这里戒备
森严,没有人知道里面是做什么的",后文补充说明是"秘密研制新型飞机的工
厂",同时也说明了前文提到的为什么"没有人知道"。

第四种,衔接叙事与叙事。如:

(57) 女儿是在国内上到小学五年级的时候来到温哥华的。**其实**,两年
前,我还在攻读硕士学位的时候,女儿就拿到了来加拿大的签证。
但是,那时她才 8 岁,我希望她能够在北京多受几年中文教育,因此
没有让她更早地过来。(北京大学 CCL 语料库)

这类用法中,前文是叙事,后文也是与之相关的事件,主要补充说明一些
信息。如例(57)中,前文陈述"女儿来上学"的事,后文补充在此之前发生的
事,实际上也是解释为什么"五年级才来到温哥华"。

第五种,衔接观点与观点。如:

(58) 从表面看来,当前的形势比较严重,似乎对咱们不利。**其实**,看问题

应该从实际出发。俺倒认为,目前的形势对俺十分有利。(北京大学 CCL 语料库)

(59) 许多父母认为是孩子出了问题。**其实**,孩子没有问题,问题还是出在父母身上。(北京大学 CCL 语料库)

例(58)中,前文是引述他人的观点,后文是表达言者的观点,语篇中有"俺倒认为",事实上是用后文的观点否定前文的;例(59)中,前文引述的是"许多父母"的观点,后文实际上是言者的观点,可以加上"我认为"等,表明是个人的看法。

10.3.4 "事实上"的衔接功能

第一种,衔接观点与叙事。如:

(60) 而动手的时间定晚了,就可能错过了抓捕刘招华的最佳时机……**事实上**,刘招华的确是想在晚一两天便离开最后的这个藏身地,偷渡到菲律宾去了……(北京大学 CCL 语料库)

(61) 如果蒋介石泉下有知,他多半也会主张将灵柩运回大陆,安葬在家乡的。**事实上**,早在大陆期间,蒋介石就在家乡为自己选择了墓地。(北京大学 CCL 语料库)

这类用法中,先陈述一个观点,后文补充一个事件,说明这个观点是有一定的理由的。如例(60)中,前文中有"就可能",说明是一种推测,但后文中提到"刘招华的确是想"这个事件,表明前面的推测确实是可信的;例(61)中,前文是一个假设句,是用"如果"引出的,说明是言者的观点,后文中陈述的事实可以证明前面的假设是有一定理由的。

第二种,衔接叙事与观点。如:

(62) 生存问题解决了,我松了一口气,觉得自己还是挺幸运的。**事实上**,我也的确是幸运的,后来成了歌星后,我曾与几个当年与我有过类似经历的女友谈起最初的"北漂"经历,她们也都说我属于幸运的那类人。(北京大学 CCL 语料库)

(63) 有人说我们的关系已搞到不可收拾的地步,**事实上**,我们都已过了演闹剧的年龄。(北京大学 CCL 语料库)

例(62)中,前文是陈述一件事以及"我"对这件事的感觉,后文确认这种感觉;例(63)中,前文陈述"有人"做了什么事,后文可以加上"我认为"等,表明是个人观点,实际上是反驳别人的说法。这类用法中,从语体角度看,前文是陈述了一件事,但与后文相关的不是这件事,而是这件事所表达的一种个人观点,如例(62)中的"自己还挺幸运的"、例(63)中的"我们的关系已搞到不可收拾的地步"等,后文内容与这个观点相关。

第三种,衔接叙事与叙事。如:

(64) 有些人抓住公司想维护形象、不愿把事情闹大的心理,得寸进尺,千方百计扩大事态。**事实上**,就在宣布开除 B 某的时候,还有人在底下传话,开除谁大家一起走,谁出卖跟谁没完。(北京大学 CCL 语料库)

(65) 当天,我们把这笔钱交给了程学民,**事实上**,无工商局罚款情节。(北京大学 CCL 语料库)

例(64)中,前文是概括性地陈述一件事,"有些人千方百计扩大事态",后文具体地陈述"做法";例(65)中,前文陈述"处理这笔钱"这件事,后面否定背景信息里"传闻的工商局罚款"这件事。

第四种,衔接说明与说明。如:

(66) 传统的计算机处理的信息主要是字符和数字。**事实上**,人们更习惯的是图片、文字、声音、像等多种形式的多媒体信息。多媒体技术可以集图形、图像、音频、视频、文字为一体,使信息处理的对象和内容更加接近真实世界。(北京大学 CCL 语料库)

(67) 二战之后,在美国散布加密科技到国外曾是违法的。**事实上**,加密技术曾被视为军需品,就像坦克与核武。直到个人电脑和因特网问世后情况才改变。(北京大学 CCL 语料库)

这类用法中,前文一般是说明一个情况,后文补充与之相关的其他情况。如例(66)中,先说明"传统计算机处理的对象是字符和数字",后文具体说明"人们更习惯于多媒体信息,所以计算机的功能得以扩展";例(67)中,先说明"散布加密科技到国外曾经是违法的",后文进一步说明原因,"加密技术被看作军需品"。

"事实上"的衔接对象主要与叙事相关,至少有一个对象是叙事句。即使是衔接说明与说明的用法时,说明的内容一般也是事实,如例(66)、例(67)等。

10.3.5　"实际上"的衔接功能

第一种,衔接说明与说明。如:

(68) 防火墙的主要评价指标包括性能、安全性和功能。**实际上**,这三者是相互矛盾相互制约的。功能多、安全性好的防火墙,往往性能受影响;功能多也影响到系统的安全性。(北京大学 CCL 语料库)

(69) 别以为自己亲自拿起"洛阳铲",那才叫盗墓者,**实际上**,真正的盗墓狂人,没有一个是亲自操铲干活的,都是幕后老板和指挥。(倪方六《中国人盗墓史》)

例(68)中,前文是说明"防火墙的主要评价指标",后文则是具体说明"三个指标"之间的关系。例(69)中,前文中有"以为",看起来似乎是观点,但这个语篇是从正反两个方面说明"什么是盗墓者",前文说明"盗墓者"不一定亲自拿起"洛阳铲",后文具体说明"真正的盗墓者都是幕后老板和指挥"。

第二种,衔接叙事与观点。如:

(70) 1928 年 11 月 1 日,中央银行终于在上海成立。蒋介石亲自剪彩,总裁宋子文披红戴花。**实际上**,这也是蒋宋银行的成立。因为一切都由他们二人说了算;而所谓的理事会、监事会,不过是配角而已。(北京大学 CCL 语料库)

(71) 现在知道,至少在 50 万年之前,人类已经使用火了。在北京猿人生活过的洞穴中,发现了好几层灰烬,并且从中找到了许多被火烧过的石头和骨头。**实际上**,人类使用火的历史还要长,北京猿人已学会了管理火。(北京大学 CCL 语料库)

这类用法中,前文一般陈述一个事件,后文对这个事件发表相关的看法。如例(70)中,前文陈述"中央银行成立",后文补充说明对这件事的看法;例(71)中,前文陈述"发现了北京猿人用火的痕迹",后文针对前文的"50 万年"发表看法,"使用火的历史不止 50 万年"。"实际上"所衔接的观点,有的从事件中可以直接推理,如例(70);有的从事件本身并不能推理,而是从其他角度补充观点,如例(71)。

第三种,衔接叙事与叙事。如:

(72) 宋子安在 1950 年以后,即被哈佛大学列入"下落不明的人"。**实际**

<u>上</u>,宋子安一直隐居在旧金山,是那里资金雄厚的广东银行(香港)董事长。(北京大学 CCL 语料库)

(73) 蒋介石自陈"除陶"后要"自承其罪"。而**实际上**,他枪杀陶成章后却立即畏罪逃亡到日本。(北京大学 CCL 语料库)

例(72)中,前文陈述"宋子安 1950 年后"为一般人所知的情况,后文陈述其真实情况,前文的主体是"哈佛大学",后文的主体是"宋子安";例(73)中,前文是陈述蒋介石自陈要承担责任,后文则陈述其没有承担责任,而是逃亡到日本。这类用法中,"实际上"所衔接的前后句之间是对立或转折关系,如例(73)中有"而",例(72)中虽然没有"而",但"实际上"前可以加上"但是"等。

10.4　小　　结

本章主要考察了与结果相关的衔接词的功能,主要有三类:常规类结果、合预期类结果和反预期类结果。第一类的结果是常规情况,第二、三类的结果是被预期的。第二类的结果与预期一致,第三类的结果与预期相反。结果的情况影响相关衔接词的选择性。

4

第四部分

基于关系的衔接方式的
语体选择性

第十一章　与认知相关的衔接
方式的语体选择性

刘大为(2008)研究了主线和链接结构。他认为评价一个自然文本的语段结构是否清晰、完整、简洁时,通常采取主线的概念。主线的推进符合线性结构,主线上每一语句都在前一语句的基础上为表述提供了新信息,主线的顺序体现了表述最为直接的途径。链接结构没有参与主线的推进,而是在推进的过程中停留下来,对主线上的某一环节进行调节加工。链接结构无论发展得怎样丰富和复杂,都没有为主线提供新的信息。

在具体的语篇组构过程中,链接结构虽然没有为主线提供新信息,但是从表达言者的意图来说,又常常是必要的部分。从我们考察的情况看,链接结构的形式是多种多样的,而且在不同的语体中有自己的特点。以下主要考察链接结构与主线结构的衔接问题。它们实现的衔接有的与认知相关,有的与结构相关,本章主要考察前者。

11.1　隐性引述与衔接

11.1.1　关于引语的种类

在表达过程中,常常引用别人的话语,其中完全按照原来所说的话记录下来的,叫作直接引语,引语通常有引号标记(也可以没有引号);间接引语是指转述者不直接引用原来的话,而是根据自己说话时的情形和表达的需要改变了原来的表达方式。

有的学者把没有引导语和引号的转述分为自由直接引语和自由间接引语。所谓自由直接引语,是指原原本本记录人物话语或思想活动,但不带引号,也没有引导语。如:"你这孩子,真不懂事!"而自由间接引语,在人称和时态上与正规的间接引语一致,但没有引导语和引号,转述语本身为独立的句子。如:"他这孩子,真不懂事!"自由间接引语尽管在人称和时态上与间接引语一致,但在其他语言成分(如语气和词汇等)上往往跟直接引语十分相似。

（参见黄友，2009）

　　言者选择哪一种转述方式，往往有一定的动因。如多里特·科恩（Dorrit Cohn，1978）、罗伯特·斯腾伯格（Robert J. Sternberg，1982）认为，如果作者想要突出文中的"人物世界"（character's world），最好采用直接引语；如果作者想要突出叙述者（narrator）的思想和行为，最好用间接引语；如果作者想要从一个局外人的角度来反映"某个人物的内心世界"（a character's mental world），那么最好用自由间接引语。（参见黄友，2009）

　　从语篇衔接的角度看，直接引语的衔接方式比较清晰，间接引语的方式具有多样性。本节主要讨论的用法是，在一个语篇中的一个小句的最前面，有"说""想"等词语，"说""想"的施事可能出现，也可能没有出现。这个言说类动词在语义上可以管辖一个小句，也有可能管辖几个小句，但在语篇的表达形式上，没有显性的引述标记，它们与后句的衔接就涉及理解等问题。

　　一般情况下，"说"等表示动作义的时候，既可表达前景信息，也可以表达背景信息。衔接的方式常常是"说"的施事作为照应语，与同指成分实现衔接，而同指成分一般出现在前面的小句或句子中。如：

（1）那天我穿树林，过小桥找到楼下，<u>一位司机正在擦车，Ø 说正是这里，刚才老人还出来看客人来了没有</u>。（梁衡《百年明镜季羡老》）

　　例（1）中，先行语是"一位司机"，"说"的施事也是"这个司机"。从语篇衔接角度看，"说"的语义所辖的两个小句与其前的句子不是直接衔接的，它们（曲线标记部分）构成一个层次，两个小句之间是递进关系，在语义上它们都是"说"的宾语。衔接是通过"说"的施事作为"一位司机"的照应语实现的。

　　在语篇中，有一些有言说义的动词，如"说""称""想"等，出现了语义比较虚的用法。由它们标记的间接引语的用法，还有标记层次的功能。它们与其他小句、句子或语篇都接受这个标记的制约。如：

（2）2012 年 8 月 4 日，小覃来到廖女士家中，<u>Ø 称他暂时遇到了资金困难，Ø 不能及时凑够房款首付，但 Ø 没有明确表示不再购买房子</u>。（北京大学 CCL 语料库）

　　例（2）中，第一个小句中的"小覃"是先行语，"称"的主语是照应语，是零形式，"称"后为间接引语，辖域是画线的两个小句，表示"小覃"所说的主要内容。在这个间接引语中，"他"是先行语，零形式是照应语。最后一个小句"没有明确表示不再购买房子"的主语是零形式,也是照应语,其先行语不是第二个小句中的"他",而是第一个小句中的"小覃",所以与间接引语的两个小句不在一个层次,而是与"称＋引语"部分构成转折关系。

有的时候,间接引语部分构成一个独立的语篇,可以用代词或代词短语等进行衔接。如:

(3) 宋朝王安石写过一篇《伤仲永》的短文,说江西金溪有个名叫方仲永的少年,Ø 小时比较聪明,Ø5 岁时就能作诗,但由于 Ø 缺乏良好的生活条件和及时的教育培养 Ø,12～13 岁时写的诗已不如以前的好了,Ø 年到 20 岁左右,则 Ø"泯然众人矣"。这说明了后天的生活条件和教育对人发展的重要意义。(北京大学 CCL 语料库)

例(3)是转述《伤仲永》的内容,但不是全文转述,而是概括性的转述。画线部分是这篇文章的主要内容,在语义上都是"说"的宾语,构成的是一个可以独立的语篇,先行语是"(叫)方仲永(的少年)",照应语都是零形式,与前一小句没有直接联系。后一个句子用"这"指示画线的全部内容。这样构成的语篇,是用例证法证明自己的观点。

11.1.2　引述内容与后续句的语义关系

从语篇组构情况看,这类用法中的引述性成分与后续句主要有几种语义关系。

第一种,引述的内容是条件或原因等。如:

(4) 西太后先发制人,把光绪囚禁起来,说皇帝有病,不能理事,复由太后临朝训政。康有为逃了,别人也有逃的,也有被西太后处死的。(北京大学 CCL 语料库)

(5) 两汉总督刘坤一和他开玩笑,说时代非三国,统帅非孔明,火攻之计,恐怕不行呢!(北京大学 CCL 语料库)

例(4)中,"说"的辖域是"皇帝有病,不能理事"这两个小句,是原因,后句内容"复由太后临朝训政"是它的结果,这个因果关系与"说"没有直接关系。"说"的最主要功能是引出表示原因的两个小句,所以这个语篇是错位衔接;例(5)中同样如此,"说"的辖域是"时代非三国,统帅非孔明",也是表示原因的,认为"火攻之计,恐怕不行"是"果",这个小句前后也是错位衔接。这一用法与

一般间接引语的衔接方式有差异。如:

> (6) 是,那是太太的恩典。对了,老爷刚才跟我<u>说</u>,怕明天要下大雨,请太
> <u>太把老爷的那一件旧雨衣拿出来</u>,说不定老爷就要出去。(曹禺
> 《雷雨》)

例(6)中,是常规的间接引语,被引的言说主体"老爷"和动词"说"在一个小句中,停顿在"说"后(句中体现为逗号)。这一用法的语义关系就没有错位现象,因为"说"所在小句引发后面两个小句,再共同与最后一个小句组合成一个更大的语篇。

这类用法中,引述的内容可能是叙事,如例(4)中的"皇帝有病,不能理事",后续句也是叙事"复由太后临朝训政",所以是叙事与叙事的衔接;引述的也可以是说明,如例(5)中的"时代非三国,统帅非孔明"是说明现在的情况,后续句是反问句"恐怕不行呢"是观点,是说明与观点的衔接;有的引述部分是观点,如例(6)中的"明天要下大雨",后续句"说不定老爷就要出去"也是观点。

第二种,引述的内容是语篇要讨论的对象。如:

> (7) 有些"海归"在回国时,<u>称自己在国外时一小时挣几百美金,忙得钱掉地</u>
> <u>上都没空捡</u>,往往说的其实是这个费率,而并非自己真实的工资,这两
> 者之间,是很容易就可以有十倍的差距的。(北京大学 CCL 语料库)
>
> (8) 起初,她不以为意,<u>以为木棉花坚强,雷打不动,雨劈不落</u>,毕竟那枝
> 头还热烈着。连着几回如此,就不得不叫她心头暗生疑窦。(朱洛嬉
> 《木棉花落》)

例(7)中,"称"的辖域是两个小句,后句中"往往说的"所指为"一小时挣几百美金",也就是引语中的一部分,意思为"这是费率标准,而非工资标准",这是通过指示引语中的部分内容实现了衔接。例(8)中,"以为"的辖域是后面三个小句,而在最后一个小句中可以补出"对此",即"不得不叫她心头(对此)暗生疑窦",是用零形式指示一个谓词性成分,实现了前后句子之间的衔接。

这类用法中,引述的可以是叙事,如例(7)中的画线部分,后续"往往说的其实是这个费率,而并非自己真实的工资"是对引述内容中"挣几百美金"的说明,体现为叙事与说明的衔接;有的引述的是观点,如例(8)中的"木棉花坚强,雷打不动,雨劈不落",后续句"那枝头还热烈着"是叙事,从语义上看这个叙事是"以为"的原因,从前后语篇看体现为观点与叙事的衔接。

第三种,引述的是观点等,引发讨论的内容。如:

(9) 你蹲大牢了我整天还在家忏悔反省,想<u>你之所以进去都是我的错</u>,哪晓得我这里一门心思要对你好点,你那里一点都不感激我,我对你好,真不如养条狗算了。(六六《蜗居》)

(10) 朱光潜先生在谈到审美态度时,曾以古松做比喻,说<u>人们对待古松有三种态度</u>:<u>古松是什么样的松树,有多少年份了,这属于科学的态度;古松有什么样的用处,这是功利的态度;用欣赏的眼光来看待古松,发现古松是一种美的形式,能给人带来美的享受,这是审美的态度。</u>在审美态度中,古松成了表现人情趣的意象或者形象。(朱良志《真水无香·生命的态度》)

例(9)中,“想”后是“我”的想法,即“反省”的内容,“你之所以进去都是我的错”,后续句是对这一想法进行反思,在衔接方式上“想”和“哪晓得”的主语都是“我”,所以是“想”所在的小句与后续句直接衔接。例(10)中,“说”引发的是“三种态度”,后续小句中“审美态度”为照应语,这个语篇中后续句子与“说”辖域内的成分衔接,与“说”没有直接关系。

这类用法中,引述的都是观点,如上两例中的画线部分,后续句可以是叙事,如例(9)中的“你那里一点都不感激我”,是观点与叙事的衔接;例(10)中,后续句“古松成了表现人情趣的意象或者形象”是说明,是观点与说明的衔接。

第四种,引述的内容是一个新信息,同时引出一个新信息。如:

(11) 因为在此之前,调查科武汉特派员蔡孟坚(公开职务是武汉行营侦缉处副处长)已获得情报,<u>称有某重要中共人员,以耍魔术为名在武汉活动</u>。但是,调查科并不知顾顺章在中共共产党党内的具体职务,连叛徒尤崇新指认他时,也只是大喊:“就是他! 他是上海暴动的总指挥!”(北京大学 CCL 语料库)

(12) 我让三婶家里坐坐,她直摆手,Ø 说没啥大事,就不去家里了,Ø 说着掏出一把钥匙交给我,说这钥匙是你们家老宅的,啥时候想回家就回。原来是她家买了我们家的老宅。(王举芳《一把老钥匙》)

这类用法中,引述的内容一般是叙事的一个环节,但不是主要信息,所以不选择直接引语的方式。如例(11)中,“称”表示后续内容为情报的内容,后续句子与“称”后的内容相关,实现衔接的词语是“(重要)中共人员”和“中共共产党党内(的具体职务)",与"称"无直接关系;例(12)中,"说"引出的内容可能简化了原来的话语,其与后面小句也是直接衔接的,后续小句的"说着"表示时间参照,"说"和"掏"的主语都是"她"。

这类用法中,引述的内容主要是叙事,如例(11)中的"有某重要中共人员,以耍魔术为名在武汉活动",后续句"调查科并不知顾顺章在中共共产党党内的具体职务"等都是叙事,是叙事与叙事的衔接。

第五种,引述的是对当前的某种看法。如:

有少数用法中,"说"类词为"想",用来表明后续是某个对象的想法等。如:

(13) 号服里着一身灰色的休闲衣裤、休闲的鞋子,倘或没有那身醒目的橘黄色的时时提醒,看刘招华面带微笑的不以为然的放松样子,想他可能把从监号到特审室,只当作了每天例行的"串门"而已……（胡玥、李宪辉《女记者与大毒枭刘招华面对面》）

(14) 我用不着唠叨,想你早已把这些信念表白过,而且竭力灌输给对方的了。（北京大学 CCL 语料库）

例(13)中,"想"引出"女记者"看到"刘招华"的情况时产生的想法;例(14)中,"想"引出的是"我"的看法。这类用法中,"想"等一般与前面小句的主语同指,从而实现与前句的衔接。

这类用法中,引述的是对当前某种情况的看法,也属于观点类,如例(13)中的引述内容有"可能",其前的句子是叙事,是叙事与观点的衔接;例(14)中,前面的小句"我用不着唠叨"是观点,是观点与观点的衔接。

从语体角度情况看,这类用法主要出现在叙事类语体中,其次是观点类语体中,再次是说明类语体中,较少出现在描写类语体中。

11.2　引导信息与衔接

在语篇推进过程中,有时候会插入一些谚语、俗语或者名言等,从衔接角度看,似乎与上下文没有直接的关系,其不影响语篇的组构,但有助于语篇的理解等。这类插入成分,与前后语篇也是衔接的。

11.2.1　引导信息提示语篇的发展方向

(15) 凭着自己过硬的专业知识,以及工作经验,很快就开发出一款针对变电站运行的电力安全保护设备。火车不是推的，牛皮不是吹的。张生也不含糊，很快将该款产品打入某省市场。当年就获利 100 多万元。（学科网《你怎么丢下我们不管》）

(16) 他无数次想改变这种状态，但理想很丰满，现实很骨感。他要是不干了，是可以陪着妻女，可收入从哪里来？（学科网《你怎么丢下我们不管》）

(17) ……有了这些认识上、判断上的矛盾，如果不能心平气和沟通，或者第三方高人指点，分开是必然的。果不其然，创业第三个年头，因为一件小事，双方爆发大冲突，遂将公司置于死地了。（学科网《你怎么丢下我们不管》）

例(15)中，语篇中插入了"火车不是推的，牛皮不是吹的"这个俗语，其意思是"事情是靠干出来的"，所以提示后续的内容是"干出了好的结果"。例(16)中，"理想很丰满，现实很骨感"是一句流行语，表示的意思是"现实与理想有差异，有时理想很难实现"，提示"想改变这种状态"的想法无法做到。例(17)中的画线部分不是谚语等，而是作者的一种认识，后文的"果不其然"表示事实与这种认识一致。

这类用法中，语篇中的插入成分常常提示语篇的发展方向。从衔接角度看，通常与前后文无直接关系，但是在意义上与后续语篇具有一致性。从内容方面看，插入的成分一般都是某种认识，属于观点，提示后续的情况，因此是观点与叙事的衔接。

11.2.2　引导信息提供后续语篇的前提

(18) 家是最小国，国是千万家。尽管家境不好，在所有亲朋好友眼里，陈祥榕从小就是一位对家负责，乐观坚强孝顺的孩子。（张文奎《清澈的爱　只为中国》）

(19) 俗话说，各扫自家门前雪，莫管他人瓦上霜。尚主任的脸色很不好看，现在，这个美差就交给你了，空调可是给新局长换的，今天不吃饭也要安装到位！（李景文《新官上任》）

例(18)中，画线部分"家是最小国，国是千万家"，意思是"家与国是一体的"，语篇说的是"陈祥榕是爱国的，但他也是爱家的"；例(19)中，"各扫自家门前雪，莫管他人瓦上霜"的意思是"莫管闲事"，后续语篇中"尚主任"就是按照这一原则,自己不管有关空调的事,而是安排给其他人。

这类用法中,插入成分都是观点,后续都是与整个观点一致的叙事,是观点与叙事的衔接。

11.2.3　引导信息提示语篇的陈述起点

(20)　"唉,"深深地叹了一口气,大家都睁着眼望着他。"你看,什么事都有一定的。常言道:'阎王要你三更去,谁能留你到五更?'你看,天二哥昨天这时还能骂人打人,今天就没有气了。唉,唉,你看。"(台静农《天二哥》)

(21)　小张也是无意之中在热搜上找到了同样剪纸的老李。俗话说得好,"同行是冤家",小张便起了嫉妒之心,他进入了老李的直播间发现他的剪纸仅仅只是传统的几个字,比起自己根本没什么花样,本是争强好胜的他心里可谓"各种不服"。(学科网《剪春秋》)

这类用法常常是在一个语篇中引发话题。如例(20)中,用"阎王要你三更去,谁能留你到五更"引发后续的"天二哥"的事,"昨天还好好的,今天就没有气了";例(21)中用"同行是冤家"引发"小张"后续的动作行为,"因为他与老李是同行,所以想超过老李"。有的时候,是从这个起点引发新的内容。如:

(22)　俗话说,桂林山水甲天下,至于山水的奇丽还要算漓江。船过了大墟,这条江水便永久被四面的山包围起来了。(冯至《忆平乐》)

例(22)中,俗语是"桂林山水甲天下",后文是以这个作为前提,说到"(漓江)山水的奇丽"。

这类用法中,主要是观点与叙事的衔接,如例(20)、例(21),少数是观点与描写的衔接,如例(22)中的"这条江水便永久被四面的山包围起来了"是描写性成分。

11.2.4　引导信息提供后续语篇的依据

(23)　郭祥又笑着说:"现在的妇女,觉悟真高,一来信就是:'我不缺吃不缺穿,就缺一张报功单。'齐堆,说实话,是不是来凤又向你要立功喜报了?"(魏巍《地雷大搬家》)

(24)　"甭愁,临时工也照样能有出息。有句老话说'将相本无种,男儿当

自强'。当年诸葛亮未出隆中时,其实也是个待业青年,一直待到二
十七岁,未出茅庐,先定三分天下。汉朝还有个韩信,当待业青年
时,受辱胯下都不在乎,后来为汉高祖打天下立下了大功。人就怕
没个志气,对不?"(孙春平《清风拂面》)

　　例(23)中,画线部分重点是"就缺一张报功单",是后续提出疑问"是不是
来凤又向你要立功喜报了"的依据。例(24)中,"将相本无种,男儿当自强"是
最后表明看法"人就怕没个志气"的依据。

　　这一类用法中,引导的通常是听说双方共享的信息,言者用这个信息提示
听者后续的内容,信息从已知的到新的,降低了听者认知难度。

　　这类用法主要出现在叙事类语篇和观点类语篇,前者表示事件按照一定
的认知方式进行,后者表示观点是有一定的共同认知基础的。

11.3　解读信息与衔接

11.3.1　用表示解释的词语引出的解读信息

(25) 因为母亲是苗族人,可以生两胎,我下面还有一个妹妹。我叫邵小
　　　轩,妹妹叫邵小轮。通俗地说,我是小车子,妹妹是小轮子。我们的
　　　名字当然是父亲起的,母亲似乎很欣赏,觉得低调一些反而会有大
　　　出息。(聂鑫森《配角》)

(26) "那也好! 而今做庄稼,日子也好过了。"父亲轻松地笑着,仍然在替
　　　儿子宽解。在他看来,年轻人都想通过念书考试而进入城市,达不
　　　到目的的就三心二意,连做庄稼也觉得没意思了。他说:"你看看,
　　　天底下的庄稼人有多少……有在心!"(陈忠实《十八岁的哥哥》)

　　例(25)中,用"通俗地说"引出对"我"和"妹妹"名字的解释,不是主要信
息,去掉不影响原语篇的完整性。例(26)中,"在他看来"后引出的部分解释前
文中的"宽解"。

　　这类用法中,解释类的词语"通俗地说""在他看来"等都是引出说明或观
点类的内容。如例(25)中,"我是小车子,妹妹是小轮子"是观点,后续的句子
是叙事,是观点与叙事的衔接;例(26)中,引出的主要内容是"他说……",是叙
事,所以也是观点与叙事的衔接。

11.3.2　用破折号引出的解读信息

(27) 我常想,如果当初那位年轻的母亲,非要让我赔裤子的话,会是一种什么样的结果呢?同样,如果当初那位老奶奶,即便不是讹孩子——像那"碰瓷儿"的老人那样倒在地上,非要他赔一笔钱——而只是让他赔鸡蛋,又会是一种什么样的结果呢?(肖复兴《四块玉和三转桥》)

(28) 然而,探索万米以下的海底世界绝非易事。试想一下,下潜深度达到 11 000 米是一种什么体验?如果把珠穆朗玛峰放在沟底,峰顶都不会露出水面。那里的海水寒冷刺骨,黑暗无边无际,还要承受约 1 000 个大气压的压力——这样的压力足以摧毁大部分科考设备。因此,"彩虹鱼"号载人潜水器需要克服压力巨大、深海低温和深海供氧等难题。(学科网《"彩虹鱼":中国深潜新利器》)

(29) 老管碰上犯难的事儿,脸上就会表现出来——整天苦着张脸,睡不定,吃不香。他原本是头一挨炕头呼噜就响起的人。老伴儿听不见他的呼噜,也跟着发愁,却愁不到点子上,无非是劝他多吃饭早睡觉。(谢志强《老管的仓库》)

在汉语中,经常用破折号引入一个解释性成分。例(27)中,破折号后的"像那'碰瓷儿'的老人那样倒在地上,非要他赔一笔钱"是用来解释如何"讹孩子"的;例(28)中,前文提到"1 000 个大气压",但这只是一个数字,读者不一定能够理解其可能产生的影响,因此用破折号引出其结果"压力足以摧毁大部分科考设备"。这类用法中,用破折号引出解释内容,后续句子继续回到主线信息。例(29)中,破折号前并没有具体说明"脸上表现出来什么",画线部分进行具体的说明。

这类用法中,破折号引入的主要是说明等,如例(27)说明"讹孩子"的情形,例(28)说明"1 000 个大气压具有什么样的力量",例(29)说明什么样的"具体表现"。

从语体角度看,这类用法在几种语体中都会出现,但它们不影响主线语篇的推进。

11.3.3　用括号引入解释信息

(30) 李婶拿过袋子:"张某某",李叔一看"皮袋"上写着的姓名(以前农民种小麦没有收割机,把麦子割下来,捆住拉回场上打场,打场手续繁多,所以人手得多,弟兄们或者邻居在一起打场,然后把麦子随风扬出来,装进写有姓名标记的袋子里,再继续干下一家的。)就明白了羊被谁偷走了,李叔估摸着:偷羊贼可能是两个人,一个人蹲在墙头,另一个人翻进羊圈想把羊装进袋子里,然而听见了门响声,情急之下慌忙丢下袋子,两个人里应外合把羊从墙上吊出去背走了。
(北京大学 CCL 语料库)

汉语中也经常出现用括号引出解释信息的用法。如例(30)中,有些读者可能不理解为什么"'皮袋'上写着姓名",所以在括号中进行解释。之所以要用括号,是因为其为非主线信息,如果正文详细介绍的话可能会影响事件的推进。

11.3.4　用插入语的方式引入的解释信息

这类用法中,常常没有显性的形式标记表示插入。如:

(31) 我是一只蝉。我像蝉脱壳那样,一层一层地蜕下了我的皮——母亲为我缝制的衣服。这个联想,是我看见妻子晾晒衣服时产生的。农历六月初六,在我的家乡,是晾晒冬衣的日子。如今住在城市里,妻子还保持着这个传统。(韩石山《蜕衣小史》)

(32) 20 世纪初发明的声波测深,根本不用什么绳子,而是从船上向下发射声波,声波到达海底以后反射回来,再用测深仪接收,然后根据传播的时间计算出海底深度。声波很快,海水里的声速大约是每秒1 500 米,实测 1 万米的水深也用不了 1 分钟。因此,声波测深技术从根本上改进了水深测量的速度和精度。(汪品先《大海到底有多深》)

例(31)中,前文提到"联想"与"晾晒衣服"的关系,插入部分直接提到"家乡六月六晒冬衣"的习俗,解释这个联想是怎样产生的。例(32)中,画线部分是从前文的"测量方法"转到"测量的速度",并解释为什么"速度很快"。

11.4　小　　结

本章主要讨论了与认知相关的一些衔接方式,包括隐性引述、引导信息的成分、解读信息的成分等。它们在线性序列上与前后文可能不是直接衔接的,但是并不影响语篇的连贯性。听者对它们的内容与上下文之间的相关性有一定的认知,通过这一认知理解上下文的关系,使得语篇是连贯的,所以是一种隐性的衔接机制。具体地看,这三类用法与上下文的联系有一定的差异,因为它们在语篇中的功能有所不同。

第十二章　与结构相关的衔接
方式的语体选择性

12.1　背景信息与衔接

12.1.1　前景信息与背景信息

人们使用语言进行交际,常常是一个小句提供一个主要信息。在句子层面,可以是一个句子主要只提供一个信息,也可以是提供好几个信息。当一个句子提供几个信息,则需要考虑这几个信息之间的凸显程度,如果是并列关系,则可能是几个信息的凸显程度相同或相似,通常选择相同的句式来进行表达。当几个信息中一部分是言者希望传递的主要信息,另一部分是次要信息,则需要凸显主要信息,降低次要信息的凸显度,将其表达为背景信息。

实际上在语篇层面,也存在着同样的问题,即一个语篇中的小句或句子的信息度是不一样的,有些传递的是主要信息,有些则是次要信息,后者在语篇中为背景信息。

关于前景和背景信息,最初主要在叙事语篇中进行研究。叙事语篇中,构成事件主线、直接描述事件进展的信息属于前景信息。围绕事件主干进行铺排、衬托或评价的信息属于背景信息[鲍尔·霍伯尔(Paul J. Hopper,1979)]。

霍伯尔和桑德拉·汤普森(Sandra A. Thompson,1980)将信息属性与小句的句法特征和及物性联系起来,指出前景信息所在小句往往具有一系列高及物性特征,背景信息所在小句则常具有一系列低及物性特征,在小句层面上分别具有以下特点:自立小句(independent clause)常用于表现前景核心信息;依附小句(dependent clause)常用于表现背景信息。

在此基础上,方梅(2008)指出,小句与背/前景信息的关系大体为:从句是背景,表示事件过程以外的因素;主句为前景,表达事件过程。在句法上,主句可以不依赖其他小句而进入语篇。她还具体研究了零形回指与背景化的关系,实际上零形回指就是先行语是零形式,照应语是名词或代词性成分,前者的解释依赖于后者。从独立性角度看,前者依赖后者,自然独立性弱,与背景小句具有自然关联的关系。前述是句子内部的背景与前景，在语篇中，不同的句子之间信息凸显度也有差异，有些是主线信息，凸显度高；有些不是主线信息，凸显度低。以下主要考察这类背景信息的类别以及它们与前景（主线）信息的衔接问题。

12.1.2 背景信息的语篇功能

从考察情况看，背景信息主要提供一些非主线信息。有三种情况。
第一种，背景提供环境信息。如：

(1) <u>外边月亮很明，也比平日悬得高</u>。前面又下来一个重伤员。屋里铺位都满了，我就把这位重伤员安排在屋檐下的那块门板上。（茹志鹃《百合花》）

(2) 我一进门，父亲就拉我过去，指着地上一堆莲藕给我看。那些莲藕还没有洗净，被黑色的淤泥包裹着。父亲去挖湖藕了。<u>家乡有许多湖泊，野藕遍地都是，但是相对好挖的地方已经被人承包了起来，只有那些湖泥很深、相对贫瘠的地方可以任意挖。若肯出力，掀开一大片湖泥，在一米多深的地方，还是能够挖到一些野生的莲藕的</u>。于是，<u>失去工作的父亲干起了挖藕的营生</u>。（学科网《父亲的光》）

例(1)中，从显性衔接角度看，"外边月亮很明，也比平日悬得高"与后续句没有直接衔接，其提供的是环境信息，使读者理解是在这样的环境下发生的事件，所以在语义上是衔接的。例(2)中，这个语篇的主要信息是关于"父亲"的，因为整个语篇是关于父亲挖藕的，所以在陈述过程中增加了一些背景信息。语篇中，第三个句子"父亲去挖湖藕了"是一个推断性的句子，后续画线部分为交代环境信息。最后一个句子"失去工作的父亲干起了挖藕的营生"实际上在两条线上与前文衔接，首先是回到了叙事主体"父亲"，与前文的"父亲"同指；其次是语义关系上，这个句子与背景部分是因果关系，以"于是"标记。所以这个句子有两方面衔接："父亲—父亲""能够挖藕—挖藕"。

第二种，背景提供线索信息。如：

(3) 团长皱起眉头，端详这个小泉眼阵：怪怪的，四周没发现野兽踩踏的爪印，哪怕有溅在边上的水滴也好，至少说明有动物饮用过它了，然而，没有。<u>小泉眼静得跟死人一样，满满的，一滴也没有外溢……不久前曾经发生过一支小部队误饮毒泉全体死亡的事件，全军上下都</u>

通报过的。假如这次一下子误饮 Ø 中了毒，这些从枪林弹雨中杀出来的勇士们，就得软绵绵地倒下！（顾文显《堵水》）

(4) 这匹马不是什么名贵的品种，只是一匹普普通通的马，个头一般，毛色纯黑，不带一点儿杂色，性情也温顺，从没有发过脾气。那时候，部队正跟蒋介石打着仗。大家给它取名"老蒋"，自然也有看不起它的成分。（侯发山《马战友》）

例(3)中，语篇主线陈述了发现"小泉"的情况，画线部分交代的信息是引出主线信息"为什么不敢喝"，所以是事件发展的线索。后续主要是"怕中毒"，整个事件围绕这点展开。从衔接角度看，主线的"小泉"与画线部分中的"(毒)泉"有同指部分，是衔接的；但回到主线的衔接成分不是"毒泉"，而是"误饮"的对象，语篇中是零形式作为照应语，其先行语是前文的"小泉"。例(4)中，画线部分主要介绍为什么"给它取名'老蒋'"，背景信息赋予了"老蒋"特别的意义，即"看不起它"。从衔接角度看，画线部分与前文不直接衔接，而是与后续小句中的"老蒋"直接衔接，因为其与"蒋介石"同指。同时这个小句中"它"指示前面句的"这匹马"，使语篇内容又回到主线。

第三种，背景提供理论前提信息。如：

(5) 西方悲剧不外两种：一种描写人与命运的挣扎；一种描写个人内心的挣扎。没有人与神的冲突，便没有希腊悲剧；没有内心中两种不同的情绪或理解的冲突，便没有近代悲剧。中国人民的特点，在处处能妥协，"上不怨天，下不尤人"是他们的处世方法。这种妥协的态度根本与悲剧的精神不合，因为它把冲突和挣扎都避免了。（朱光潜《长篇诗在中国何以不发达》）

例(5)中，画线部分是介绍西方悲剧的两种情况，依据这一理论分析中国文学的特点。背景提到西方悲剧的精神主要分为两种，而"中国人民的特点"与这两种精神都不一致，所以西方的悲剧在中国不属于悲剧。这一用法中，背景信息提供分析的基础，是分析的前提。

背景信息与前景信息的衔接，通常出现在叙事、说明和观点类语篇中。

12.2　插入信息与衔接

在叙事语篇中，常规的语序是按照时间的顺序组构，但是有的时候为了表达的需要,脱离主线的时间线,而插入其他时间发生的事件或其他内容。主要有以下几种情况。

第一种,插入非主线事件,如:

(6) 儿子失魂落魄地走出医生办公室,医生肯定地告诉他,老刘已经是肺癌中晚期,没有多少时间了,必须马上住院治疗,当<u>他</u>整理好表情调理好心情要老刘住院治疗时,才发现老刘不在长椅上等他,他四处找寻终不见老刘踪影。(学科网《出发吧,自行车》)

(7) ① 老谢收拾完厨房,回到房屋。② 看见母亲从轮椅上站起来,正准备爬上凳子站桌子上面拿糖果吃,<u>这情景</u>是那么的熟悉。③ 老谢一下子想起<u>小时候母亲每次都把买回来的糖果小点心放篮子里挂屋梁上,一来防鼠,二来怕老谢偷吃吃多闹肚子痛,可他总调皮偷站上桌子拿吃,有一次被母亲看见了,把母亲吓了半死,生怕不小心掉下来摔着,母亲生气地把老谢抱下来,告诉他不可以爬高,万一摔下来怎么办?零食吃多了闹肚子痛怎么办?看见哭得稀里哗啦的老谢,心疼地拿出桃酥分一小块给老谢说"吃吧,桃酥"。</u>④ 多少年过去了,<u>母亲</u>记得篮子里面的桃酥。(学科网《挂起来的记忆》)

例(6)中,事件主线是"走出医生办公室",画线部分是在此之前发生的事,后小句中"当他整理好表情调理好心情要老刘住院治疗时"又使事件回到主线上来,衔接方式都是事件主体"儿子—他—零形式"衔接。例(7)中,"这情景"指示前面的小句"母亲从轮椅上站起来,正准备爬上凳子站桌子上面拿糖果吃",后续句中的"想起"虽然在句法上只属于其所在的句子,但在语义上其管辖范围包括全部画线部分,所以它们内部实现衔接。最后一个句子中"母亲"所指与句子②中的"母亲"同指,从而回到主线("现在"的事件)。

这类用法与插叙和倒叙有一定的区别。如:

(8) ① 李华与梅相识于四年前的旅行当中。② 那时候,<u>他</u>一个人去云南旅游,恰好结识了梅。③ 梅超短发,瘦削平胸,像走在舞台的模特,强烈地吸引了<u>他</u>。④ <u>他</u>心头一动,有股烫烫的热流从心底涌起。(学科网《财神》)

例(8)中,用"那时候"指示前句中的"四年前",实现衔接,而且其后的内容主要是四年前的情况,后续句在时间上没有回到现在的这个时间,所以"现在"

不是这个语篇的主线时间。这类用法,相当于叙事类语体中常见的倒叙。从衔接方式上看,从句子②开始,都是用"他"衔接。

第二种,插入原因信息,如:

(9) 老丈人不小心摔了一跤,骨头跌断了,躺在床上,作为女婿很应该去探望一下。吃饭的时候,我一副心不在焉的样子,心里装的全是老刀。这可能是职业病吧,做警察的大概都这样,手边不能有案子,案件没破,心里就永远搁不下;案件破了,那种快乐,是其他人无法想象的。眼下这起案子,作为首犯的老刀没有归案,案件就不能算破。案件破不了,心里窝火啊。(孙华《中气》)

(10) 这次来北京出差的目的地,是市郊的一家壁纸厂。原本客户安排车子到地铁站接,我执意自己前往。下车后才发现,这是一个颇为偏僻的地方。(魏丽饶《喜鹊在枝头》)

例(9)中,主线陈述的是"我"探望老丈人的时候心不在焉的样子,画线的部分提供的是原因信息,说明警察可能有"职业病",是这种"职业病"导致自己的状态,后文画波浪线的内容回到主线,用"眼下这起案子"与前文实现间接衔接;例(10)中,画线部分是说明为什么到这么偏僻的地方,不是厂家来接,而是自己乘出租车去。如果删除这个句子,前后文之间是可以直接衔接的。这类插入信息,主要用于叙事过程中提供原因信息。

第三种,插入解释性信息,如:

(11) 这来的便是闰土。虽然我一见便知道是闰土,但又不是我这记忆上的闰土了。他身材增加了一倍;先前的紫色的圆脸,已经变作灰黄,而且加上了很深的皱纹;眼睛也像他父亲一样,周围都肿得通红,这我知道,在海边种地的人,终日吹着海风,大抵是这样的。他头上是一顶破毡帽,身上只一件极薄的棉衣,浑身瑟索着;手里提着一个纸包和一支长烟管,那手也不是我所记得的红活圆实的手,却又粗又笨而且开裂,像是松树皮了。(鲁迅《故乡》)

例(11)是描写闰土的语篇,描写的内容包括"圆脸""眼睛""破毡帽""手"等。在描写眼睛时,插入了"这我知道,在海边种地的人,终日吹着海风,大抵是这样的",解释为什么眼睛会这样,之后语篇又回到"他"。

第四种,插入条件信息,如:

(12) 我掂量了一下,大米有五十多斤,不知他老人家一路怎么颠簸过来
　　的。<u>老家到这个城市有近一百里路,父亲也是快八十岁的老人了。</u>
　　看着父亲一头的白发和驼下去的脊背,心里一阵阵温热和酸楚。
　　(学科网《父亲的鞋子》)

(13) ① 林大柱此时离刘老师不算远,他又看了老师一眼,刘老师跟慈祥
　　的奶奶年龄相仿。② 林大柱很想上前问问,可是看见周围的同学都
　　在默默答题,自己只好又低下头。③ 父母许诺,他这次考试如果能
　　前进五名,就奖励他一台苹果笔记本电脑。④ 林大柱心里也没底。
　　⑤ 考试也无常,只要自己努力了,一定不会差的,林大柱暗暗地劝解
　　自己。(臧世翩《考试》)

　　例(12)是事件参与者的叙述,而画线部分是交代客观事实,即较长的距离
和较大的年龄,从事件主线角度看,其与"我"没有直接联系,但是其为"(我)心
里一阵阵温热和酸楚"的主要原因,所以在语义上是连贯的。这个句子以"我"
作为先行语,实现主线衔接。例(13)中,陈述的主线是考试时发生的事情,画
波浪线部分是考试前发生的与其相关的事情,与主线的衔接是"这次考试",句
子④中"林大柱"作为照应语,使语篇内容又回到了主线。句子③与前文的衔
接主要是通过"这次考试"实现,这个语篇的主线信息都是以"林大柱"作为先
行语或照应语实现衔接的(句子③中选择代词"他"指示,也可以看作降低信息
凸显度的一种方式)。

　　第五种,插入来源信息,如:

(14) 在小南河与黄原河汇流处外侧,有一座小山包,长满了密密的树木
　　草丛;而在半山腰一方平土台上,瞩目地立有一座九级古塔! <u>据记</u>
　　<u>载,塔始建于唐朝,明代时进行过一次大修整。</u>此山便得名古塔山。
　　古塔山是黄原城的天然公园,也是这个城市的标志——无论你从哪
　　个方向到黄原城,首先进入视野的就是这座塔。(路遥《平凡的
　　世界》)

　　例(14)主要是共时的描写,历史的信息是非重点信息,语篇中的"据记载,
塔始建于唐朝,明代时进行过一次大修整"介绍建塔的时间,主要是说明"古塔
山"名字的来源或者叫这个名字的原因。从衔接方式上看,"塔"作为照应语的
先行语是"九级古塔","此山"作为照应语的先行语是"一座小山包",后者是主
线衔接的。

第六种,插入认识性信息,如:

(15) 我们过了江,进了车站。我买票,他忙着照看行李,行李太多了,得
向脚夫行些小费才可过去。他便又忙着和他们讲价钱。<u>我那时真
是聪明过分,总觉他说话不大漂亮,非自己插嘴不可</u>,但他终于讲定
了价钱;就送我上车。(朱自清《背影》)

(16) 他说罢,举枪瞄准。狍不像鹿或其他动物,它们被迫到绝处,并不自
杀,相反,那时它们或目不转睛地望着猎人,或凝视枪口,一副从容
就义的样子。<u>那种从容,简直没法细说。</u>那时它们的眼神,就像参
加奥运会的体操选手,连出差池,遭到淘汰已成定局,厄运如此,只
好听天由命。……

　　悬崖边上,<u>两只狍</u>一前一后,身体贴着身体,体型小些的在前,
体型大些的在后。在前的分明想用自己的身体挡住子弹,眼神中有
一种无悔的义不容辞的意味,似乎还有一种侥幸——或许猎人的枪
里只剩一颗子弹呢!(梁晓声《雪地猎狍》)

例(15)中,画线部分是作者对事件发生时自己的一些做法的反思,因为从
用词角度看,其前文是主要事件的参照时间,但是插入部分用了“当时”,表明
叙事者将视角从事件发生时转换到叙事时,目的是在叙事的同时表明自己的
态度。从主线衔接来说,都是主语位置上的“他”作为衔接方式,而在插入部
分,“他”是宾语小句“他说话不大漂亮”的主语,所以不是这个部分的主要信
息。例(16)中,“那种从容,简直没法细说”是陈述者的评价,后面句子中的“那
时”也表明是站在叙事时间的视角来描述当时的情形。在第二个段落中,用
“两只狍”将视角从陈述者的评价转回到叙事主线上。这类插入成分主要插入
言者对某一事件或做法等的看法。

第七种,插入交代性信息,如:

(17) 我5岁那年夏天,和弄堂里一群小伙伴凑钱买棒冰。买完棒冰过马
路时,不慎被一辆“乌龟车”撞倒。<u>“乌龟车”动力有限,速度也不快。</u>
然而,那天司机将我撞倒后浑然不知。更不凑巧的是,车轮又挂住
我的衣角,这样我被生生拖了10米左右。(曹可凡《沉默的父爱》)

(18) 由于北京冬奥会火炬接力将在冬季低温环境中进行,“飞扬”采用氢
作燃料,除了氢具有环保的特点,还因为氢燃料的特性保证了火炬
能在极寒天气中使用。<u>但氢气作燃料,燃烧温度就会高于800℃。</u>

因此,"飞扬"火炬外壳的研制,花了整整三个月时间,攻克了多项技术难题。(学科网《北京冬奥服务保障凸显"科技范"》)

例(17)中,主线事件是"我被乌龟车撞倒",画线的插入部分是介绍"乌龟车"的情况,交代被其撞倒一般情况下不会带来严重后果,然后展开后续的内容,即出现了一些非常规的情况,所以导致严重的后果。例(18)中,画线部分是交代氢气作为燃料面临的问题,引出了"外壳研制"所花的时间等。这类用法中,主线信息可能是叙事,也可能是说明。

总起来看,插入类信息最主要出现在叙事类语体中,或插入主线事件以外的相关信息,或交代一些新的背景,或交代一些原因,或叙事中插入自己的一些评价或观点等,一般与主线事件用一定方式衔接,但这个方式一般能保证叙事回到主线上。其也可以出现在描写类和说明类语体中,主要是交代一些情况等。

12.3 补充信息与衔接

为方便读者理解,有些语篇在主线信息陈述过程中,补充一些相关信息。主要有以下几种情况。

第一种,补充原因信息,如:

(19) 终于将母亲抱上轮椅坐着,打开电视,让母亲看看电视,他便围上围裙为母亲准备早餐,母亲嘴叨,不喜欢外面买的豆浆油条稀饭,老谢只能每天起大早买菜回来做,今天蒸一个她喜欢吃的鸡蛋羹吧!(学科网《挂起来的记忆》)

(20) 墨斗鱼脚,我倒爱吃,因为这是海味。——我在昆明七年,很少吃到海味。(汪曾祺《生机》)

例(19)中,陈述主线事件"为母亲准备早餐",画线部分补充相关信息,说明为什么"不从外面买",最后一个小句中时间词"今天"表示叙事又回到主线。例(20)中,画线部分补充说明为什么我爱吃"墨斗鱼脚",不仅因为是"海味",还补充原因"很少吃到"。与上一节插入原因信息不同的是,这种用法是先有结果,然后补充原因。

第二种,补充相关信息,如:

(21) 打开衣柜,衣柜里整整齐齐地折叠着她各个时段穿的毛衣,都是妈妈一针一针织成的,曾经还嫌弃妈妈的不如商店卖的好看,妈妈就再没有把织好的毛衣拿给她,叠着放柜子里,小丽看着这些毛衣,眼泪顺颊而下。(学科网《摔不起》)

(22) 我们在研究中使用的植物是宿根月见草。这种植物原产于美国加利福尼亚州和俄勒冈州的海滨地区,现在也见于以色列的地中海沿岸。正如"月见草"这个名字所示,它的花在傍晚开放,此时天蛾和蜂类会来访花,饮用花中非常甜美的花蜜,在这个过程中就把花粉从一朵花带到另一朵花。([美]丹尼尔·查莫维茨《植物知道生命的答案》)

例(21)中,主线事件是现在发生的事件,其核心是"毛衣",画线的补充信息是"毛衣"的来源、我的看法以及对它们的处置等,影响后续事件,如"眼泪顺颊而下"等。例(22)中,前文引出了"宿根月见草",画线部分补充它们的产地信息,这不是语篇介绍的主线信息。

第三种,补充次要信息,如:

(23) 屠呦呦研究小组后来也观察到青蒿的效果,但水煎剂无效、95%乙醇提取物药效仅为30%到40%。应该附带指出,有些古书曾记载热水煮疟疾,这种不可靠的记载妨碍了发现中药的真正作用。(饶毅等《中药的科学研究丰碑》)

(24) 上个月,连长骑着"老蒋"到医院做阑尾炎手术。等手术做完后,连长昏迷中尚未苏醒。医院不知道"老蒋",派了个车送连长——战争期间,医院人满为患,无大碍的病人都让提前出院。(侯发山《马战友》)

例(23)中,用"应该附带指出"表明后续是补充信息,这一信息主要是针对有人认为屠呦呦的研究思路完全来自中医文献,实际情况并非如此。例(24)中,前文说到"做完手术就要被送回去",后面补充信息说明是"当时的情形所致",不影响主线事件。

第四种,补充具体信息,如:

(25) 驼背李有过一个完整的家,妻子贤惠,儿子乖巧,日子虽然贫穷却也温馨。而这幸福生活,在儿子两岁那年戛然而止。冬日里,一场极致的严寒,让儿子半夜感冒发起了高烧。两口子踏着没膝深的雪,赶到村子卫生所。赤脚医生忙中出乱,未做皮试就给孩子注射了青

霉素……(学科网《驼背李的春天》)

例(25)中,前文提到"幸福生活,在儿子两岁那年戛然而止",后文补充具体的情况,即"儿子因医疗事故去世了"。在语篇中,这个"过程"对后续事件发展没有什么影响,因此认为其为补充信息。

第五种,补充推测信息,如:

(26) 我上过幼儿园,在今日北京帝王庙的东小跨院里,当时,这大概属于香山慈幼院的什么附属机构。(舒乙《开窍的日子》)

例(26)中,画线部分主要介绍"当时"幼儿园的情况,句中有"大概",表明这是推测的信息。但这是说明类语体,推测的内容是用不确定的语气说明相关情况,不属于主线信息。

第六种,补充前提信息,如:

(27) 妈妈高兴极了,一个人为迎接小丽一家人的到来做准备,吃的,用的,住的,生怕大都市的女婿住不惯小平房,吃不惯乡下的农家菜,她得提前筹备着。(学科网《摔不起》)

(28) 说起这事的时候,她有点吞吐,怕我不肯答应。但其实我也十分喜欢那一树傲立的红花,只是从未注意到风雨过后花树下的乾坤。经她一说,我好奇心顿时被挑起,往后的日子便有意地等着风来雨来、雷响花落。(朱洛嬉《木棉花落》)

例(27)中,"生怕大都市的女婿住不惯小平房,吃不惯乡下的农家菜"是补充前提信息。例(28)中,画线部分是补充"我"对"这事"的态度,不属于事件发生时的情形,但它是后续句中"好奇心被挑起"的基础,是后续事件的前提。

12.4 小   结

本章主要考察了三类结构的衔接情况,包括前景背景信息、插入信息、补充信息,它们可能选择依赖性或者衔接词衔接,但有时不使用这两类衔接方式,语篇也是连贯的。这主要是因为它们属于非主线衔接,与主线衔接存在着一定的关联性,所以在结构上是衔接的。它们给主线提供多种信息,保证了语篇的丰富性。从语体分布看,它们在叙事语篇中最常见,也偶尔出现在说明和描写语篇中。

第十三章 结语与余论

13.1 本书研究的主要内容

在已有研究成果的基础上,基于传递信息的不同确定语体类型,依据事件性、空间性、主体性、动态性等特点对语体进行分类,并选择叙事类、描写类、说明类、观点类四大类作为本书的主要研究对象。

本书从具体形式出发考察语篇的衔接方式以及语体的选择性差异。基于已有的研究,将汉语语篇的衔接方式分成三种情况:与依赖性相关的衔接、衔接词衔接和与基于关系的衔接,并分别进行考察。

第一种,与依赖性相关的衔接主要是通过指称性实现的衔接。在语篇中同指或部分同指都可以实现语篇的衔接。谓词性成分也有一定的指称性,其与具有指示功能的名词(短语)、代词(短语)也可以衔接。一般情况下,先出现的成分是先行语,后出现的同指成分叫照应语,它们的匹配具有多样性,也可以在不同的句法位置上实现。从先行语的角度看,都有专有名词、普通名词、代词和谓词性成分的用法。但不同语体中出现的频率不同,如叙事语篇中专有名词的用法最普遍,其他几类出现的频率不高。在小句层面,零形式衔接是最主要的衔接方式,句子层面则是名词(短语)或代词(短语)衔接。从句法位置的角度看,叙事类语体中用法最复杂,其他语体中要简单一些。从我们考察的情况看,大体情况如表 13 - 1 所示。

表 13 - 1 不同语体中照应语的句法分布情况统计

照应情况		语 体			
先行语	照应语	叙事	描写	说明	观点
主语	主语	+	+	+	+
	定语	+	+	−	−
	宾语	+	+	−	−

照应情况		语　体			
先行语	照应语	叙事	描写	说明	观点
宾语	主语	+	+	+	+
	定语	+	+	−	−
	宾语	+	−	+	−
定语	主语	+	+	−	−
	定语	−	−	−	−
	宾语	+	−	−	−

　　同时,本书还关注到不同语体中影响衔接方式选择的一些因素。叙事类语体中,专有名词和代词的谓词性定语对于指称性没有影响,语境对于指称性有很大的影响,陈述视角、层次性、前附或后附等对依赖性衔接有一定影响。描写类语篇中,不同的描写类型,如部件、人物、过程等,其衔接方式有一定的差异,描写的方法、整体与部分、直接与间接等都影响语篇的衔接。说明类语篇中,存在着线性衔接与非线性衔接的差异,说明方法、结构等都影响衔接方式的选择性,"这"与"那"的衔接功能存在差异。观点类语篇中,观点的类别、有无中心句等对语篇衔接有影响,而且观点类中的叙事与叙事语篇的叙事存在着一定的差异。

　　第二种,在衔接词的语篇选择性方面,主要研究了三个类型。时间关系衔接词,最主要的功能是衔接叙事类语体,部分可以衔接说明类语体,只有极少数词可以衔接与观点类相关的语体。这主要是由于时间性是叙事类语体最主要的特征,而说明类语体中部分具有过程性的说明中也存在着规律性的时间关系,所以这类说明中可以由时间关系衔接成分进行衔接。推理类衔接词,包括常规推理类和总结类的衔接词。从衔接的情况看,虽然这些衔接词的衔接功能有一定的差异,但是它们的顺序有一定的规律,也就是前文一般比后文的内容要客观一些。一般情况为:叙述＞说明＞观点,所以衔接词衔接功能除了同类衔接外,还有"叙事与观点""叙事与说明""说明与观点"等。结果类衔接词,主要有三类:常规类结果、合预期类结果和反预期类结果。第一类的结果是常规情况,第二、三类的结果是有预期的。第二类的结果与预期一致,第三类的结果与预期相反。结果的情况影响相关衔接词的衔接功能。

第三种，在基于关系的衔接方面，主要讨论了与认知相关的衔接和与结构相关的衔接。与认知相关的衔接方式，包括隐性引述、引导信息的成分、解读信息的成分等，它们在线性序列上与前后文可能不是显性衔接的，但是并不影响语篇的连贯性。读者或听者对它们的内容与上下文之间的相关性有一定的认知，基于这一认知理解上下文的关系，使得语篇是连贯的，是一种隐性的衔接机制。具体地看，这三种用法与上下文的联系有一定的差异，是因为它们在语篇中的功能有所不同。结构衔接，包括前景背景信息、插入信息、补充信息，它们在衔接上可能选择依赖性或者衔接词衔接，但有时不使用这两类衔接方式，语篇也是连贯的。主要是因为它们都属于非主线衔接，与主线存在着一定的关联性，所以在结构上是衔接的。它们给主线提供多种信息，保证了语篇的丰富性。从语体分布看，它们在叙事语篇中最常见，也偶尔出现在说明和描写语篇中。

13.2　本书可能的创新点

从语篇研究角度看，本书可能的贡献主要有以下几个方面。

第一，本书从传递的信息出发，根据一定的标准，区别不同语篇的语体类别。这为衔接的研究提供了理论基础，比如叙事类语体是基于其时间、空间、主体特定进行的分类，在研究的过程中，就从时间、空间、主体等角度探讨其衔接的选择问题。

第二，本书从具体的衔接方式出发，考察它们的选择性情况。已有的关于衔接方式的研究，多数是从语篇出发，探究其中的句子或小句之间使用了哪些衔接方式。本研究是从依赖性、衔接词等方面考察它们在具体语篇中的运用问题。将语篇衔接的问题具体化、形式化，对语篇语法的构建有所帮助。

第三，关注不同语体之间在选择衔接方式时存在的差异，由于不同语体的语篇传递的信息不同，所以在选择衔接方式时也有差异。此研究有利于在分析和教学语篇时确定重点和难点问题。

第四，关注衔接的层次性，并将它们与衔接方式的选择关联研究。语篇的组构具有层次性，因此语篇的衔接也具有层次性，比如依赖性主要是语义层面的衔接，衔接词和相关性衔接更多的是语用衔接。这样的区分有利于具体分析和讲授衔接问题。

第五,关注到语体的交叉现象以及它们对衔接的影响问题。具体语篇中,在一个上位层次是某类语体的语篇中,其下位可能是其他语体的语篇,同一语体的语篇在不同的上位语体中可能有差异。

13.3　本书的研究意义

在研究语篇衔接方式的基础上,具体研究语篇中选择什么样的衔接方式是有必要的,也是对已有研究的深入。

首先,从视角上看,此前的关于衔接的研究主要从语篇出发研究它们选择了哪些衔接方式。而本书先析取语篇的主要衔接方式,再从这些具体的方式出发,研究它们在不同语篇中的选择性问题,这将语篇衔接的问题具体化,对于进一步的汉语语篇语法的构建有理论和实践上的意义。

其次,关于衔接方式的研究,不仅仅是语篇如何连贯的问题,也可以通过衔接方式的选择,透视言者表达的主观视角以及传递的主要信息。

最后,本书考察具体的衔接方式,对于第二语言学习者,尤其是中高级的学习者如何更好地组构语篇有直接的参考价值。教学中可以具体的衔接方式为出发点,分层次、按类别地在语篇教学过程中逐步讲授语篇衔接的语法点。

13.4　可以进一步研究的问题

由于采用自下而上的方式进行研究,涉及的方面较少,以下几方面问题都可以进一步研究。

第一,关于语体的分类。本书关于语体的分类还是粗线条的,不能覆盖所有的语篇,换句话说,可能在分析有些语篇时存在一定的困难。比如,本书没有讨论会话中的衔接问题,这可以进一步研究。

第二,关于结论的方式。一些结论是倾向性的,需要进一步细化,或者进一步量化,使得研究结论具有更强的应用性。

第三,关于关注的范围。可进一步关注不同语体之间的交叉现象,从语体角度看,衔接词衔接的对象可能是复杂多样的,但一般有一个主功能,其他是与之相关的功能,这需要进一步研究。

第四,关于语体间的差异。可进一步关注同一种语体下位的语体之间的差异,比如说明类,可以进一步具体讨论操作类的、说明书等的衔接方式,同时关注这些下位语体之间的差异。

　　第五,关于衔接词的功能产生。目前考察的是广义的句法语境,是共时平面的,如果从它们的功能变化情况来考察,可能可以解释更多的衔接词的功能变化和演变情况。

　　第六,关于衔接词的研究范围。目前研究的衔接词还不够全面,还有一些衔接词没有讨论,系统性需要进一步加强。除典型的衔接词外,兼职的或非典型的衔接词也有研究价值。

　　第七,关于不同语体的衔接问题。可关注同一语篇中不同语体的小句、句子甚至语篇的衔接方式,目前没有具体研究它们之间的差异。

主要参考文献

蔡　晖(2004)认知语言学视野中的功能语体分类问题,《外语学刊》第 6 期。

曾毅平(2008)语言材料语体分化论析,《福建师范大学学报(哲学社会科学版)》第 2 期。

常敬宇(1994)语体的性质及语用功能,《修辞学习》第 4 期。

陈　平(1987)话语分析说略,《语言教学与研究》第 3 期。

陈　禹(2019)说明语体中事件的句法配置,《语言教学与研究》第 4 期。

戴维·克里斯特尔编(2002)《现代语言学词典》(沈家煊译),北京:商务印书馆。

邓　杰(2009)话语信息的认知处理研究,《外语与外语教学》第 3 期。

邓骏捷(2000)语体分类新论,《修辞学习》第 3 期。

邓骏捷(2008)论现代汉语语体的互动关系,《青海民族学院学报》第 3 期。

方　梅(2000)自然口语中弱化连词的话语标记功能,《中国语文》第 5 期。

方　梅(2007)语体动因对句法的塑造,《修辞学习》第 6 期。

方　梅(2008)由背景化触发的两种句法结构,《中国语文》第 4 期。

冯胜利(2003)书面语语法及教学的相对独立性,《语言教学与研究》第 2 期。

冯胜利(2010)论语体的机制及其语法属性,《中国语文》第 5 期。

冯胜利(2012)语体语法:"形式-功能对应律"的语言探索,《当代修辞学》第 6 期。

高增霞(2005)从非句化角度看汉语的小句整合,《中国语文》第 1 期。

韩虎山(1998)说明性文体写作特点概说,《写作》第 7 期。

何自然　冉永平(1999)话语联系语的语用制约性,《外语教学与研究》第 3 期。

胡建锋(2023)《语篇的衔接与连贯》,北京:北京语言大学出版社。

胡明扬(1993)语体和语法,《汉语学习》第 2 期。

胡壮麟(1994)《语篇的衔接和连贯》,上海:上海外语教育出版社。

胡壮麟(1996)有关语篇衔接理论多层次模式的思考,《外国语(上海外国语大学学报)》第 1 期。

黄国文(1988)《语篇分析概要》,长沙:湖南教育出版社。

黄　友(2009)《转述话语研究》,复旦大学博士学位论文。

霍四通(2000)语体研究和自然语言处理,《修辞学习》第 5、6 期。

纪　萍(2022)语用标记"老实说"的负面评价功能浮现,《阜阳师范大学学报(社会科学版)》第 1 期。

金晓艳、彭　湃(2011)"原来"和"本来"的篇章位置考察,《牡丹江师范学院学报(哲社版)》

第 2 期。

劳允栋(2004)《英汉语言学词典》,北京:商务印书馆。

乐　明(2019)《基于修辞结构树库的篇章衔接标记研究》,广州:世界图书出版公司。

雷冬平、罗华宜(2013)连词"再有"的形成及其话语标记功能研究,《保定学院学报》第 6 期。

雷冬平、罗华宜(2013)连词"再则"的形成及其话语标记功能研究,《殷都学刊》第 4 期。

李　泉(2003)基于语体的对外汉语教学语法体系构建,《汉语学习》第 3 期。

李绍群(2012)"可见"的标记功能和语法化过程,《西北大学学报(哲学社会科学版)》第
　　3 期。

李文明(1994)语体是言语的风格类型,《修辞学习》第 6 期。

李熙宗(2004)关于语体的定义问题,《烟台大学学报(哲学社会科学版)》第 4 期。

李秀明(2007)元话语标记与语体特征分析,《修辞学习》第 2 期。

廖秋忠(1988)物体部件描写的顺序,《语言研究》第 2 期。

廖秋忠(1992)《廖秋忠文集》,北京:北京语言学院出版社。

刘伯奎(2004)《中华文化与汉语语用学》,广州:暨南大学出版社。

刘大为(1994)语体是言语行为的类型,《修辞学习》第 3 期。

刘大为(2008)自然语言中的链接结构及其修辞动因,《修辞学习》第 5 期。

刘大为(2013)论语体学语体变量,《当代修辞学》第 3 期。

刘桂芳、谭宏姣(2005)现代汉语语体变异问题,《学术交流》第 12 期。

刘　琏(2011)从视觉性差异看"看来""看似"与"看样子"的异同,《汉语学习》第 1 期。

刘　顺、吴　云(2002)语体的语法学功能透视,《修辞学习》第 1 期。

吕叔湘(2002)《吕叔湘全集》,沈阳:辽宁教育出版社。

孟　雯(2015)现代汉语推论示证表达方式"看来"与"可见"的比较分析,《华文教学与研究》
　　第 2 期。

苗兴伟(1998)论衔接与连贯的关系,《外国语》第 4 期。

潘晓军(2016)从新兴虚词到话语标记——"事实上"与"实际上"的固化历程探微,《阜阳师
　　范学院学报(社会科学版)》第 2 期。

浦伯良(1979)谈谈说明的方法,《教学与进修》第 4 期。

屈承熹(2006)《汉语篇章语法》(潘文国等译),北京:北京语言大学出版社。

冉永平(2000)话语标记语的语用学研究综述,《外语研究》第 4 期。

盛新华、邱　野(2009)"就是说"所标示的 A、B 之间的语义关系及语用特点,《延安大学学
　　报(社会科学版)》第 1 期。

司罗红(2016)论话语标记"老实说",《周口师范学院学报》第 1 期。

唐松波(1961)谈现代汉语的语体,《中国语文》第 5 期。

陶红印(1999)试论语体分类学的语法学意义,《当代修辞学》第 3 期。

王德春(1987)《语体略论》,福州:福建教育出版社。

王 力(1954)《中国现代语法》,北京:商务印书馆。

王天佑(2019)话语标记"说实话""老实说"的语用功能和形成机制,《语文研究》第 1 期。

王肖丹(2006)汉语语篇衔接手段在不同语体中的差异分析,首都师范大学硕士学位论文。

吴亚欣(2003)话语标记的元语用功能,《外语教学》第 4 期。

邢 欣(2007)视角转换与语篇衔接语,《修辞学习》第 1 期。

徐 丹(1988)浅谈"这/那"的不对称,《中国语文》第 2 期。

徐赳赳(1999)复句研究和修辞结构理论,《外语教学与研究》第 4 期。

徐燕青(2009)"A 就是说,B"类句式的语用、篇章考察,《莆田学院》第 6 期。

徐玉臣(1996)英汉语言主要衔接手段的对比分析,《山东外语教学》第 4 期。

许彩云(2021)《汉语语篇多维语体特征研究》,上海:上海三联书店。

姚双云(2007)《关联标记的语体差异性研究》,北京:世界图书出版公司。

叶建军(2022)"其实"的词汇化及其关联功能,《通化师范学院学报》第 5 期。

叶圣陶(2005)《文章例话》,沈阳:辽宁教育出版社。

易正中、王立杰(2013)话语标记"说实话"分析,《衡水学院学报》第 6 期。

殷树林(2013)现代汉语话语标记研究,北京:中国社会科学出版社。

袁 辉、李熙宗(2005)《汉语语体概论》,北京:商务印书馆。

张伯江(2005)功能语法与汉语研究,《语言科学》第 6 期。

张伯江(2007)语体差异和语法规律,《修辞学习》第 2 期。

张伯江(2012)以语法解释为目的的语法研究,《当代修辞学》第 6 期。

张德禄(2000)论语篇连贯,《外语教学与研究》第 2 期。

张德禄(2001)论衔接,《外国语》第 2 期。

张德禄(2001)语篇内部衔接的原则,《解放军外语学院学报》第 6 期。

张德禄(2003)论衔接关系:话语组成机制研究,《外语教学》第 1 期。

张德禄、刘汝山(2003)《语篇连贯与衔接理论的发展及应用》,上海:上海外语教学出版社。

张德岁、张国宪(2013)谓词性主语与谓词性宾语语义特征的不对称研究,《语言科学》第 6 期。

朱庆祥(2019)《语体视角下的现代汉语小句依存性研究》,上海:上海人民出版社。

朱永生、郑立信、苗兴伟(2001)《英汉语篇衔接手段对比研究》,上海:上海外语教育出版社。

朱永生(1995)衔接理论的发展与完善,《外国语》第 3 期。

朱永生、严世清(2001)系统功能语言学多维思考,上海:上海外语教育出版社。

左 岩(1995)汉英部分语篇衔接手段的差异,《外语教学与研究》第 3 期。

Enkvist, N. E. (1978) *Coherence, Pseudo-coherence, and Non-coherence*, in Ostman, J. O. (ed.) Cohesion and Semantics. Abo, Finland: Academic Foundation.

Gernsbacher, M. A. & Givon, T. (1995) Coherence in Spontaneous Text. Amsterdam:

John Benjamins.

Halliday, M. A. K. (1985) An Introduction to Functional Grammar. London: Edward Arnold.

Halliday, M. A. K.& Hasan. R. (1976) Cohesion in English. London: Longman.

Halliday, M. A. K. & Hasan R. (2012) *Language, Context, and Text*. Beijing: World Book Inc.

Hearst, Marti A. (1994) Multi-paragraph segmentation of expository text. ACL Proceedings of Annual Meeting on Association for Computational Linguistics 14.

Hopper, P. J. & Thompson S. A. (1980) *Transitivity in Grammar and Discourse*. Language, 56.

Labov, W. 1972 Language in the Inner City: Studies in the Black Vernacular. University of Pennsylvania, Philadelphia.

Lehmann, Christian (1988) *Towards a typology of clause linkage*. In Haiman & Thompson (ed.) Clause Combining in Grammar and Discourse. Amsterdam: Benjamins.

Spebber D. & D Wilson. (1986) *Relevance: Communication and Cognition*. Oxford: Blackwell.

van Dijk. T. A. & Kintsch, W. (1983) *Strategies of Discourse Comprehension*. New York: Academic Press.

Verschueren, J. (1999) *Understanding Pragmatic*. London: Edward Arnold.

Verschueren, Jef. (2000) *Notes on the role of metapragmatic awareness in language use*. Pragmatics (4).

后　　记

近年来我一直关注语篇相关的问题。2018 年,我完成了国家社会科学基金项目"汉语篇章信息配置方式研究"。在完成这个课题的过程中,我逐渐认识到如何传递信息是语篇研究的核心问题;同时也关注到,在语篇组构过程中,由于传递信息的差异,同样的基本组成成分(一般是小句)也会选择不同的衔接方式进行组构。基于这一认识,我于 2019 年以"基于语体的语篇衔接方式的选择性研究"为题申请上海市哲学社会科学规划课题。当年 8 月,我在洛杉矶通过陈昌来教授得知成功立项的消息,开心了很久。

这个课题的申请,就是对语篇问题进一步思考的结果。传递信息的核心是信息的类别,比如叙事与描写,分别凸显过程信息和场景信息,前者是动态的,后者是静态的,类别的差异影响了对组构方式的选择。

我在进行具体的研究时,考虑如何将语篇传递的信息与衔接方式关联起来,当时主要思考两方面的问题:一是如何区分语体,因为语体本身就是基于特征分出来的类别,不同的出发点可能分出不同的语体;二是如何基于语体考察汉语语篇的衔接方式。研究过程中我一直在对这两个问题反复权衡。

在课题进行的过程中,不得不提两件事。其中一件是在 2020 年,我参与了齐沪扬教授主持的国家社会科学基金重大项目"对外汉语教学语法大纲研制和教学参考语法书系(多卷本)"的研究工作,承担与语篇相关的任务,完成了《语篇的衔接与连贯》一书的写作。该书作为书系的一部分,于 2023 年 6 月在北京语言大学出版社出版。2024 年 2 月,该书入选了"2023 百道好书榜年榜"的"教育学习类"榜单。这本语言学相关的书能入榜,对我来说确实是一个不小的鼓励,同时也感受到语篇已受到越来越多的学者关注。

另一件事是在 2022 年 12 月,我的电脑系统突然崩溃了。当时找到电脑维修点和售后服务部,都告知我这台电脑中的文件需要原始的 48 位密码才可以打开,密码是最开始使用电脑时获取的,而我对此毫无印象。在多方努力无果的情况下我只能放弃,多数相关资料也永存在这个打不开的电脑硬盘里了。这对我是一个巨大的打击,差不多有半年时间没心情再打开课题,原本在 2023 年 8 月完成课题的计划也因此搁浅了。

　　按照上海市哲学社会科学规划办公室的要求,本课题必须在 2023 年年底前完成,2023 年 7 月的暑假期间,我才强迫自己打起精神重拾课题,到 11 月底基本完成了本书的主要内容写作。但由于时间仓促,书中很多方面与当初的设想相去甚远,不能不说有很多遗憾。所幸课题在 2024 年 3 月顺利通过结项。

　　感谢本书的编辑郭怡帆和李晓梅两位女士,她们认真细致的工作使本书增色许多。

　　最后,感谢齐沪扬教授一直以来的鼓励,书稿交付后,我一直考虑要不要请老师为本书作篇序,但想到他事务繁忙,实在不好意思打扰,几次将要拨出的电话都停下了。但在此还是要感谢齐老师一直以来的鼓励,这对本书的完稿至关重要。

胡建锋

2024 年 11 月

图书在版编目(CIP)数据

基于语体的语篇衔接方式的选择性研究 / 胡建锋著.
上海：学林出版社，2024. -- ISBN 978 - 7 - 5486 - 2051 - 8

Ⅰ. H146

中国国家版本馆 CIP 数据核字第 2024FT2448 号

责任编辑 李晓梅 郭怡帆
封面设计 严克勤

基于语体的语篇衔接方式的选择性研究

胡建锋 著

出　版 学林出版社
　　　　（201101　上海市闵行区号景路 159 弄 C 座）
发　行 上海人民出版社发行中心
　　　　（201101　上海市闵行区号景路 159 弄 C 座）
印　刷 上海商务印书馆印刷有限公司
开　本 720×1000　1/16
印　张 13.25
字　数 22 万
版　次 2025 年 1 月第 1 版
印　次 2025 年 1 月第 1 次印刷
ISBN 978 - 7 - 5486 - 2051 - 8/H · 165
定　价 68.00 元